Walter Riso

De tanto te amar, me esqueci de mim

Como saber se você está com a pessoa certa

Tradução
Sandra Martha Dolinsky

Copyright © Walter Riso
c/o Schavelzon Graham Agencia Literaria
www.schavelzongraham.com
Copyright © Editora Planeta do Brasil, 2025
Copyright da tradução © Sandra Martha Dolinsky, 2025
Todos os direitos reservados.
Título original: *De tanto amarte, me olvidé de mí: Cómo saber si estás con la pareja adecuada*

Preparação: Mariana Rimoli
Revisão: Tamiris Sene e Fernanda Guerriero Antunes
Projeto gráfico e diagramação: Márcia Matos
Capa: Estúdio Insólito

Dados Internacionais de Catalogação na Publicação (CIP)
Angélica Ilacqua CRB-8/7057

Riso, Walter
  De tanto te amar, me esqueci de mim / Walter Riso; tradução de Sandra Martha Dolinsky. – São Paulo: Planeta do Brasil, 2025.
  176 p.

Bibliografia
ISBN 978-85-422-2996-7
Título original: De tanto amarte me olvidé de mí

1. Psicologia 2. Relações humanas 3. Autoestima 4. Amor I. Título
II. Dolinsky, Sandra Martha

24-5333   CDD 158.1

Índice para catálogo sistemático:
1. Psicologia

Ao escolher este livro, você está apoiando o manejo responsável das florestas do mundo

2025
Todos os direitos desta edição reservados à
EDITORA PLANETA DO BRASIL LTDA.
Rua Bela Cintra, 986 – 4º andar
01415-002 – Consolação – São Paulo-SP
www.planetadelivros.com.br
faleconosco@editoraplaneta.com.br

Sumário

7   **INTRODUÇÃO**

17   **PARTE I.**
TESTES PARA SABER SE VOCÊ É AMADO DE VERDADE OU SE ESTÁ COM A PESSOA ERRADA

21   **Primeiro teste**
Se você pudesse voltar no tempo, sabendo como é seu relacionamento amoroso hoje e como foi no passado, repetiria o que viveu com essa pessoa?

24   **Segundo teste**
Você gostaria que sua filha ou seu filho se relacionasse com uma pessoa como sua parceira ou seu parceiro?

26   **Terceiro teste**
"Por que eu não deveria amar você?"

30   **Quarto teste**
Quem você ama? A pessoa amada como ela é hoje ou como ela era antes?

32   **Quinto teste**
Se você se mostrasse exatamente como é, sem máscaras e sem mecanismos de defesa, com suas vulnerabilidades totalmente expostas, acha que a pessoa amada se aproveitaria de você?

35   **Sexto teste**
Essa pessoa se alegra quando você se alegra, sofre quando você sofre e se comove com seus problemas?

40   **Sétimo teste**
Tem certeza de que a pessoa amada não fará mal a você intencionalmente?

42   **Oitavo teste**
Às vezes, você tem que se desculpar por algo que não fez para que a pessoa amada se acalme?

45   **PARTE II.**
QUATRO CRENÇAS QUE ALIMENTAM O APEGO AFETIVO E ENFRAQUECEM SEU AMOR-PRÓPRIO: COMO IDENTIFICÁ-LAS E COMBATÊ-LAS

51   **"Sem você não sou nada"**

55   **"Você me define"**

59   **"Você dá sentido à minha vida"**

63   **"Você é tudo para mim"**

67   **Conclusão: "Não posso viver sem você"**

68   **De onde vêm essas ideias irracionais?**

71   **PARTE III.**
PESSOAS PELAS QUAIS SERIA MELHOR VOCÊ NÃO SE APAIXONAR

75   **Estilo afetivo imaturo/emocional**
Quando você sente que, para estar bem com a pessoa amada, precisa "adotá-la"

82   **Estilo afetivo controlador/possessivo**
Quando a pessoa amada tem certeza de que você pertence a ela, como se fosse um objeto ou uma coisa

87   **Estilo afetivo indiferente/eremita**
Quando você é invisível para a pessoa amada, como se não existisse para ela

93 **Estilo afetivo narcisista e duas de suas variações**
Quando a pessoa amada acha que ela é o centro do universo e você, um satélite que gira ao redor dela

110 **Estilo afetivo passivo-agressivo ou "subversivo"**
A desconcertante sensação de que a pessoa amada ama e rejeita você ao mesmo tempo

115 **PARTE IV.**
O QUE FAZEM OS CASAIS QUE DÃO CERTO?

120 **Territorialidade**

124 **Reciprocidade**

127 **Desejo ou atração**

136 **Admiração**

140 **Confiança básica**

144 **Humor**

152 **Visão de mundo**

158 **Desacordos amistosos**

162 **Sensibilidade e entrega**

166 **Respeito**

169 **EPÍLOGO**

173 **BIBLIOGRAFIA**

Introdução

Carmen é uma jovem inteligente e sensível que está no quarto ano de antropologia. É introvertida, um pouco insegura e tem a autoestima muito baixa, especialmente por causa da sua aparência física e das suas habilidades sociais: "É difícil alguém gostar de mim, porque sou muito magra, não tenho curvas, e tenho este rosto pálido e comprido. Meu corpo é desproporcional e frágil", disse ela certa vez. Em seguida, acrescentou que, se alguém se aproximasse dela, essa pessoa se decepcionaria, porque "descobriria" que ela não é nada encantadora, não tem boa conversa e é muito pouco culta: "Não sou interessante", sentenciou.

O namorado de Carmen, Carlos, é seis anos mais velho que ela e trabalha em uma mercearia. É um rapaz de muito boa aparência que ao longo da vida tem mostrado problemas de comportamento de várias ordens. Estão juntos há três anos, em uma relação na qual ele a esmaga psicologicamente sempre que pode. Diz que ela é uma incapaz, que tem medo de se relacionar sexualmente, critica o cabelo e o jeito "masculino" de Carmen se vestir, suas ideias; enfim, a menospreza até limites extremos. Diante desses ataques, Carmen fica em silêncio, paralisada. Sente tanto medo que, em mais de uma ocasião, ela me deu a entender que merece os castigos que seu namorado lhe aplica.

Carmen é especialmente amorosa com ele: está sempre atenta às necessidades do namorado e cede às exigências dele sem nunca se opor. Quando ele fica irritado e a trata mal, é ela quem pede desculpas para acalmá-lo, mesmo sabendo que a culpa não é dela. Uma vez, conversei com Carlos e ele me disse claramente que não a amava, que amar alguém "com tão pouco amor-próprio" era impossível. Quando perguntei a ele o que sentia por ela, então, ele me disse: "Dó e nojo... ela é tonta demais". Carmen sabia tudo que Carlos pensava dela e mesmo assim continuava com ele, como se esse fosse seu destino inevitável, seu carma.

Ela não parava de me dizer que o amava. Sua mente desenvolveu o que em psicologia chamamos de *descentramento cognitivo*: tudo girava ao redor do homem que, supostamente, havia conquistado seu coração. Nesse jogo perverso, quanto mais companheirismo, afeto, sexo ou ternura ela lhe oferecia, mais fraca ele a considerava, e mais repugnância sentia. A autodepreciação de Carmen se multiplicava dia a dia, e ela já estava começando a apresentar sintomas de depressão.

Qual era o problema com a mente de Carmen? A ideia de que não era "desejável" e de que a qualquer momento Carlos poderia abandoná-la desenvolveu nela um esquema de subjugação. Não amava a si mesma. O vínculo afetivo era, basicamente, determinado por ele, ao passo que ela só desempenhava um papel secundário, mal existindo na relação. Finalmente, Carlos conheceu outra mulher e largou Carmen do dia para a noite. Pouco a pouco, Carmen está melhorando e revisando sua maneira de se relacionar com o sexo oposto. Seu lema para uma verdadeira transformação foi o seguinte: "Não posso amar você de maneira tranquila, digna, plena e saudável se não amar a mim mesma". E não são palavras vazias, trata-se pura e simplesmente da realidade: "Tenho que me amar para amar você", não há como ser diferente.

Esse pode parecer um caso extremo, mas não é. E nem é tão raro quanto se pensa. Em muitos relacionamentos, mesmo que exista um déficit tão evidente de amor-próprio, uma pessoa pode se acostumar a dar excessivamente e a receber muito pouco ou nada do outro e normalizar isso como se fosse algo natural. A pessoa se resigna a uma relação desequilibrada. Talvez pela crença de que o verdadeiro amor não espera nada em troca, como se a equação amorosa tivesse apenas um lado. Só que não é assim. Um amor saudável flui, vai e vem, você sente e enxerga o afeto do outro e vice-versa.

Já aconteceu de você dar tanto amor que se esqueceu de si, dos seus sonhos, das suas expectativas, sua vocação, seus valores e seus sentimentos mais profundos, como se houvesse sofrido uma metamorfose? Já sentiu que o amor arrastava você muito mais para fora do que para dentro? Se isso aconteceu, foi porque, para você, a pessoa amada era mais importante, merecia mais direitos, a autorrealização dela era a sua realização, a alegria da outra pessoa fazia com que você se comovesse profundamente e a felicidade dela era suficiente para justificar a sua. Quando você se esquece de quem é, quando deixa sua essência de lado, só existe sua metade da laranja, cada vez mais amarga, e tudo se torna absurdo. Insisto: vira uma equação emocional de variável única.

Juan, um jovem estudante do ensino médio, me contou, entre soluços e expressões de muita raiva, que em um ano de namoro com uma garota ele havia se "perdido" de si mesmo: "Eu me entreguei tanto a ela que foi como se eu houvesse desaparecido. Meus amigos e meus pais me diziam que eu não era mais o mesmo, e era verdade". Eu respondi que talvez o que ele sentia por ela não fosse amor, e sim idolatria, e que a paixão quase sempre produz esse efeito. O amor não funciona se um dos dois venera o outro. A veneração implica reverência, a identidade pessoal se dilui no outro e o eu enfraquece e se desconfigura. Amar não é existir menos, é crescer ao lado de alguém, é deixar que a pessoa amada entre em seus sonhos e permitir que você entre nos dela. Se você enxerga a outra pessoa como uma espécie de divindade, será discípulo dela, não conseguirá vê-la de igual para igual. Grave bem isto dentro de si: *você vale tanto quanto a pessoa a quem ama.*

Em certa ocasião, uma mulher me procurou porque não sabia o que fazer com o filho adolescente que a estava enlouquecendo: roubava seus pertences, tinha comportamentos extremamente agressivos com ela, era dependente químico, não estudava, era integrante de um grupo xenófobo... enfim, uma catástrofe total para um pai ou uma mãe. O argumento da mulher se centrava em seu papel de mãe e na incondicionalidade do amor.

Numa conversa, eu lhe perguntei: "Seu filho, como ser humano, é mais importante que você? Tem mais direitos que você? A Declaração Universal dos Direitos Humanos só é válida para ele?". Ela respondeu: "Mas eu sou mãe dele!". Então, eu disse: "Tudo bem. Ajude-o, dê-lhe apoio, ame-o, mas não seja cúmplice, não se submeta às intimidações dele. Seu filho não é um ser humano mais importante que você: você é tão importante quanto ele. Se o preço de amá-lo é sua destruição, porque o rapaz não está a fim ou não é capaz de se comportar direito e respeitar você, analise se faz sentido submeter-se ao desrespeito dele. O amor é incondicional quando não afeta seus princípios". Ela nunca mais voltou.

Seu valor pessoal depende principalmente de você, e não de alguém que valide você, seja quem for. Não digo que você não pode amar alguém profundamente, mas afirmo que *também deve amar a si mesmo profundamente.* Amar a si mesmo não significa necessariamente se tornar uma pessoa narcisista. O que caracteriza o narcisismo, como veremos mais adiante, é um enorme sentimento de grandiosidade, temperado com três manifestações do ego: egocentrismo, egolatria e egoísmo. Amar a si mesmo de maneira saudável é autocuidado, autorrespeito e autogoverno, entre outros *autos*. É ter a si mesmo em alta conta de maneira construtiva e exercer e defender os direitos pessoais, acima do amor e além dele. O bom amor não enfraquece; ele fortalece e expande nossa humanidade.

O processo de se esquecer de si mesmo também pode ser sutil e lento e fundamentar-se nos "bons costumes". Em certos relacionamentos, tudo parece maravilhoso, pois uma das partes criou um *esquema de autossacrifício* com o consentimento da outra pessoa, que se beneficia com o desequilíbrio. O objetivo do esquema de autossacrifício, como diz o psicólogo cognitivo Jeffrey Young, é "Satisfazer voluntariamente as necessidades dos outros à custa da própria satisfação, a fim de evitar a dor alheia, evitar a culpa, sentir-se uma boa pessoa ou manter um vínculo emocional".

"Fui educada assim", me disse uma mulher de 55 anos. "O outro é mais que eu. E meu marido é o outro." O relacionamento deles era visto por todos como excelente. A convivência era gentil, serena, tinham três filhos maravilhosos, amigos que os amavam... Mas, no fundo, alguma coisa dizia que nem tudo era um mar de rosas.

O marido era um neurocirurgião muito bem-sucedido e rico. Ela tinha muito orgulho dele, admirava-o e alegrava-se com suas conquistas. Mas, ao mesmo tempo, não sentia orgulho de si mesma (nem ele colaborava para que sentisse), não se admirava como pessoa e suas conquistas pessoais passavam despercebidas para todos, inclusive para ela mesma. Alguns a elogiavam pelo fato de ser "uma mãe exemplar" e uma esposa tão boa. Obviamente, isso não era ruim, mas ela era muito mais do que isso.

Esse paradoxo ocorre em uma infinidade de casais: para que um brilhe, o outro deve se ofuscar. Um dia, os filhos foram estudar fora do país e os dois ficaram sozinhos; e foi então, nesse ninho vazio, que minha paciente começou sua transformação. Uma frase dela me indicou que a mudança havia começado: "Quero me reencontrar".

A essência nunca se perde, cara leitora ou caro leitor, não importa em que parte do seu crescimento você esteja; a força interior só precisa de um sinal seu para se ativar. Minha paciente pediu um tempo ao marido e foi para um apartamento pequeno; saiu feliz da enorme cobertura em que morava. O marido, extremamente desconcertado, tentou recuperá-la, mas era tarde demais. Depois de quase trinta anos de casamento, o homem não percebia que sua mulher havia deixado de ser quem era e que, por sempre dar, havia se esquecido de si mesma.

Este livro tem quatro partes, e cada uma delas tem o objetivo de fazer você repensar sua ideia de amor e de como o vivencia. A Parte I, "Testes para saber se você é amado de verdade ou se está com a pessoa errada", permitirá que você examine, com o auxílio de perguntas, quanto é amado ou amada, ou se seu vínculo atual faz bem para sua vida. Esses exercícios de reflexão farão você refletir sobre seu relacionamento e observá-lo sem filtro. A Parte II, "Quatro crenças que alimentam o apego afetivo e enfraquecem seu amor-próprio: como identificá-las e combatê-las", levará você a reconhecer quatro crenças básicas, profundamente negativas, que a cultura nos impõe por meio da aprendizagem social e que acabam criando um vínculo vicioso com a pessoa amada. Colocar tais crenças em prática, consciente ou inconscientemente, levará a uma conclusão inevitável: "Não posso viver sem essa pessoa". E, assim, você fará qualquer coisa para se manter amarrado(a) ao companheiro ou à companheira da vez. Eliminar essas crenças é como renascer. Na Parte III, "Pessoas pelas quais seria melhor você não se apaixonar", aponto cinco estilos afetivos nos quais um amor pleno e saudável é praticamente impossível. Explico o que os caracteriza e por que seriam contraproducentes para seu bem-estar, mesmo que o amor insista em continuar ali. Muitas vezes, não percebemos ou tampamos o sol com a peneira, só para não encarar o fato de que o relacionamento nos faz mais mal do que bem. O amor não pode tudo, e não basta amar para que uma relação prospere. Na Parte IV, "O que fazem os casais que dão certo?", faço referência a alguns fatores que, segundo as evidências e minha experiência clínica, são os que mais fortalecem um bom vínculo afetivo. Esses dez elementos devem estar presentes, de uma maneira ou de outra, para que o amor cresça e adquira cada vez mais força.

Este livro o(a) levará por vários caminhos para que você tente equilibrar sua relação ou, se não for possível, para que analise se, talvez, você não está no lugar errado. O primeiro passo para promover uma mudança adaptativa é tomar consciência, pular de cabeça na realidade e enxergar as coisas como são, sem autoenganos, sem pretextos e com coragem, mesmo que doa e incomode. Provavelmente a sua visão sobre o amor será questionada e talvez se modifique. Você aprenderá que amar de maneira saudável exige um princípio fundamental: *"Preciso me amar para amar você".*

O importante é que, em sua relação, ninguém seja mais que ninguém e que seus direitos sejam equivalentes aos da pessoa amada. Em um bom vínculo afetivo deve haver dois centros, dois "egos", como dizia Rilke, que se entrelacem com ternura; mas continuem sendo dois. Eu o(a) convido a revisar seu estilo afetivo, para que não se perca e para que entenda, sem desculpas de nenhum tipo, que a primeira lição do amor é a dignidade.

PARTE I
TESTES PARA SABER SE VOCÊ É AMADO DE VERDADE OU SE ESTÁ COM A PESSOA ERRADA

Se sua relação afetiva é boa, se você dá e recebe amor e tem cumplicidade com a pessoa a quem ama, não deveria sentir que se esqueceu de si depois que começou a amar. O problema nem sempre está em amar demais, mas sim em não alicerçar a relação com ternura, amizade, desejo e amor-próprio suficientes. Quando você se esquece de si por amar outra pessoa, como já apontei, rompe a equação básica do amor: resta só uma variável, em vez de duas.

Um ponto determinante para estabelecer o equilíbrio emocional nos vínculos afetivos é saber se você está com a pessoa certa para você. Isso implica analisar até que ponto sua proposta amorosa é compatível com a da pessoa amada. Às vezes, temos certeza de que amamos e somos amados de verdade, mas, na realidade, somos vítimas de um grande autoengano que nós mesmos construímos. Para transformar sua relação afetiva, ou abandoná-la de uma vez por todas, é preciso uma boa dose de lucidez: enxergar as coisas como elas são, questionar-se profundamente e nunca justificar o injustificável. Então, o primeiro passo para se reinventar no amor é tomar consciência de quem está ao seu lado, se você realmente ama como gostaria de amar e se recebe amor como gostaria de receber.

Trago aqui oito testes em forma de perguntas que você pode se fazer para saber, de maneira realista e sem distorções, como o amor se manifesta no seu caso e se você está com a pessoa certa. Os dados que obterá desse exame/dessa reflexão não são determinantes, funcionam mais como indicadores. Mas é conveniente e útil considerar as respostas honestas e reais. Procure fazer todos os testes. Na Parte III, "Pessoas pelas quais seria melhor você não se apaixonar", você terá mais elementos para se aprofundar nesses temas e entendê-los melhor.

Primeiro teste

Se você pudesse voltar no tempo, sabendo como é seu relacionamento amoroso hoje e como foi no passado, repetiria o que viveu com essa pessoa?

Difícil, não é? É possível que você encontre um verdadeiro mapa de coisas boas, ruins e regulares. Vasculhe seus princípios e valores mais importantes e pense se foram negligenciados ou reafirmados. Você cresceu ao lado do amor da sua vida ou andou para trás?

Considere que, embora sua resposta demande um equilíbrio, isso só pode ser alcançado se não houver fatos que afetem seus direitos como ser humano. Do contrário, mesmo colocando todas as coisas boas de um lado da balança e, do outro, esse único elemento negativo, você se surpreenderá ao perceber que esse único elemento pesa mais que tudo de bom. E o inverso? Não creio. É pouco provável que uma única coisa boa pese mais que todas as ruins.

Procure responder com a maior honestidade possível. Por exemplo, não confunda amor com a paciência necessária para cuidar de alguém. Algumas pessoas, especialmente mulheres codependentes, cuidam do companheiro como se fosse um filho e sofrem muito para "educá-lo". A relação se transforma em uma estrutura emocional desequilibrada: um lado dá demais, ao passo que o outro só recebe para "melhorar" ou superar seus problemas. Não confunda amar alguém com "adotar" essa pessoa. O que costuma acontecer nesse tipo de vínculo é que, com o tempo, o doador/cuidador se cansa de ser o bom samaritano, de ser um *ajudador* crônico, porque a retribuição não costuma chegar, nem na mesma proporção nem da mesma maneira. Não sinta culpa por jogar a toalha, se esse for seu caso. Sofrer pelo outro não é necessariamente uma prova de amor; ao contrário, pode ser a manifestação de um esquema de autossacrifício, como apontei na introdução.

Repetiria? Daria exatamente os mesmos passos de novo? Talvez sim. Alguns relacionamentos não são perfeitos, mas conseguem manter um laço e, apesar dos problemas, o essencial do amor nunca se perde. Ou talvez não. Uma paciente disse ao marido diante de mim: "Definitivamente, quero me separar, mesmo o amando. Você é tão insuportável que prefiro sentir sua falta a ter que aguentar você". Obviamente, essa mulher não repetiria o que viveu nem por todo o dinheiro do mundo. E não era ódio o que sentia por ele, e sim cansaço. Exaustão existencial. Como se sua mente tivesse questionado profundamente: "Passar a vida toda juntos de novo para chegar a isso?".

Se responder um SIM contundente para a possibilidade de repetir, sem nenhum tipo de autoengano, com o coração aberto, então você está bem, muito bem. Não se acomode e continue investindo em sua relação.

Se responder um NÃO contundente, sem autoenganos nem ressentimentos infundados, então fica claro que chegou a hora de se reinventar no amor; que você se enganou. Mas não confunda erro com fracasso. Fracasso é nunca mais conseguir ter uma relação amorosa. Errar é pisar na bola e seguir em frente. Você vai fazer sua revolução, ou já se acostumou a sofrer e vai continuar com essa pessoa sob o efeito avassalador da resignação?

E se não for capaz de decidir, essa confusão também é uma informação relevante. Se tem dúvidas, é porque alguma coisa está acontecendo. Seria conveniente continuar se aprofundando no assunto e tentar compreender por que chegou a esse beco sem saída de não saber o que fazer.

Segundo teste

Você gostaria que sua filha ou seu filho se relacionasse com uma pessoa como sua parceira ou seu parceiro?

Essa indagação é determinante. Será um questionamento forte, porque sua análise colocará em jogo, mesmo que apenas hipoteticamente, o bem-estar das pessoas que você mais ama. Esse "exercício mental" levará você a revisar sua relação. Imagine seu filho ou sua filha com alguém muito parecido ou idêntico a seu companheiro ou sua companheira. Consegue vê-los contentes? Aconteceriam mais coisas ruins que boas na relação, ou o contrário? Você gostaria de ter seu companheiro ou sua companheira como genro ou nora? Realmente recomendaria essa pessoa a seu filho ou sua filha?

Tente responder a esta pergunta difícil: se acha que alguém como seu companheiro ou sua companheira não seria bom para seu filho ou sua filha, por que essa pessoa seria boa para você? Foi um erro? Você se resignou? Deixou que o pessimismo dominasse? Acha que é tarde demais? Acha que "mais vale um pássaro na mão do que dois voando..."? Acha que não merece coisa melhor?

    Analise seriamente se deseja reestruturar sua relação ou retomar sua vida e consertá-la (não me interessa se você tem cem anos). Em outras palavras, examine se é capaz de mudar o que precisa mudar. E se, ao contrário, você concluir que seu filho ou sua filha teriam muita sorte de ter alguém como seu companheiro ou companheira, fique feliz. Você está com quem deveria. E que este teste sirva para ativar ainda mais a energia que une você à pessoa amada.

Terceiro teste

"Por que eu não deveria amar você?"

A triagem que proponho é exigente. Não é comum alguém se fazer essa pergunta, especialmente pessoas que julgam estar bem quando estão mal e que evitam a realidade devido ao apego ou à dependência. Nesses casos, preferem minimizar os problemas ou simplesmente ignorá-los, como se magicamente pudessem eliminar as questões negativas, em vez de tentar resolvê-las.

Pegue uma folha de papel e vá a um lugar tranquilo, que não seja a sua casa. Pode ser um parque, um café ou onde você se sinta à vontade, sem interferências. Sente-se e se questione em voz alta: "Por que eu não deveria amar você?", o que seria como dizer: "Existem motivos para que seja conveniente eu me afastar de você?". Deixe de lado os pontos positivos da relação e, por um instante, foque naquilo que não faz você se sentir bem. Qual é o peso dos pontos negativos em seu balanço afetivo? Pergunta-chave: se você visse outra pessoa em uma relação como a sua, que conselho daria a ela?

Revise a história que você tem com seu(sua) companheiro(a), sem rancores nem desejos de vingança. Apenas observe e se pergunte se a pessoa a quem ama fez alguma coisa que mereceria o fim da relação. Será que você perdoou além da conta? Que aceitou o inaceitável? O comportamento do outro passa pelo crivo dos seus princípios? Insisto: sem ressentimentos nem lamentos. Analise se os problemas que tiveram foram resolvidos de verdade ou se foram varridos para debaixo do tapete.

Um paciente me disse, certa vez, referindo-se a este teste: "Seu exercício não serviu para mim", e me entregou uma folha em branco. Eu respondi: "Mas você não me disse que ela tem um amante e que debocha de você sempre que transam? Isso não está anotado nesta folha". Ele respondeu: "Sim, sim, claro... mas eu a amo mesmo assim". Então, eu expliquei: "Eu entendo perfeitamente que você a ame, mas a pergunta do exercício é por que você não *deveria* amá-la. Deixe o amor de lado por alguns minutos. Se um amigo seu passasse por algo assim, quais conselhos daria a ele?". Ele deu de ombros e disse: "Não sei... não sei o que eu diria". Depois de um instante de silêncio, eu insisti: "Por acaso sugeriria a seu amigo que ficasse de braços cruzados como você? Por exemplo, quando ela o fez assinar, usando mentiras, um documento que passava uma propriedade sua para ela, você não a denunciou às autoridades nem fez nada. Não procurou um advogado para se defender do golpe. Seria isso que você aconselharia a seu amigo? Ouça, vamos fazer o exercício de novo. Procure escrever alguma coisa, mas seja honesto consigo mesmo, ainda que doa". Quinze dias depois, ele voltou com várias folhas escritas. Havia muito mais coisas, além do medo de perdê-la, que o impediam de enfrentar uma mulher que o estava destruindo pouco a pouco, como em uma tortura lenta e sofrida. O exercício abriu uma fresta por onde pudemos analisar todos os problemas do relacionamento deles, deixando de lado o mecanismo da negação que não lhe permitia ver as coisas como de fato eram.

A ideia não é registrar coisas sem importância na folha. Existem desacordos normais e necessários que não afetam o funcionamento de um casal. Foque nos fatos importantes e deixe que a sinceridade se imponha. Alguns exemplos de "fatos importantes": indiferença; atitudes ou comportamentos que negligenciam seus valores; menosprezo; visões de mundo opostas e contraditórias; não poder investir na autorrealização; viver cotidianamente se estressando por causa do outro... enfim, o que for vital para você (para mais indicadores, veja a Parte IV).

Se a folha ficar em branco ou houver questões pouco relevantes anotadas porque você *realmente* não encontra motivos para não amar essa pessoa, isso reafirma positivamente sua relação. Se, ao contrário, anotar algo em que tenha colocado em risco seus direitos pessoais ou seus princípios (ou que ainda os coloque), seria conveniente analisar com quem você está e se questionar por que raios continua com essa pessoa.

Quarto teste

Quem você ama? A pessoa amada como ela é hoje ou como ela era antes?

Muitos dos meus pacientes em situações de conflito ou próximos de uma separação costumam me dizer que, apesar de tudo, continuam amando o companheiro ou a companheira. E quando pergunto a eles se amam a pessoa como ela é hoje ou a que ela foi no início da relação, quando tudo ia bem, muitos descobrem que *sentem amor por alguém que já não existe mais*. Com tristeza, reconhecem: "Ele não é mais o mesmo" ou "Ela mudou demais". A sensação desagradável é que em algum momento o outro passou por uma metamorfose que ninguém percebeu. A vida afetiva da pessoa transcorre no passado, amando alguém que já não existe e que navega por seus neurônios como um fantasma.

Algo assim acontece com você? Você se identifica com isso? Uma mulher me disse: "Já não o conheço, ele não é mais o mesmo em nada". Eu lhe perguntei: "Você teria se casado com ele sendo o homem que ele é hoje?".

E ela respondeu: "Nem louca!". Então, eu disse: "Por que continua com ele? Afinal, é um indivíduo diferente. Os tempos se misturaram em sua mente. Talvez você esteja apegada a uma ilusão ou à esperança de que o 'original', aquele que lhe inspirava o mais profundo amor, reapareça ou ressuscite". Depois de várias sessões, quando ela finalmente teve coragem de dizer ao marido que queria o divórcio, ele respondeu: "Mas você me conheceu assim!". A resposta dele mostrou uma total falta de consciência sobre o que havia acontecido, o que ajudou a mulher a reafirmar ainda mais sua ideia de se separar. Ela retrucou: "Não, eu conheci outro homem". Esse tipo de argumento, "você me conheceu assim", significa que, uma vez que você se liga formalmente a alguém, nunca mais pode mudar de ideia. A melhor maneira de refutar esse argumento absurdo é: "Mudei de ideia", sem mais explicações.

Insisto: quem você ama? Se a resposta é que ama a pessoa do início da relação, e não a atual, o que está fazendo aí? O amor é mais funcional sob os auspícios da realidade e longe do autoengano. Aterrisse no aqui e agora. Não confunda o que é com o que foi. Pode haver uma mudança tão radical? Eu nunca vi isso em minha experiência clínica, mas, acreditando em milagre, tudo é possível.

Quinto teste

Se você se mostrasse exatamente como é, sem máscaras e sem mecanismos de defesa, com suas vulnerabilidades totalmente expostas, acha que a pessoa amada se aproveitaria de você?

O escritor italiano Cesare Pavese dizia: "Você será amado no dia em que puder mostrar sua fraqueza sem que o outro se sirva disso para afirmar sua força". Este é um teste para corajosos, para aqueles que arriscam tudo ou nada. Se você se despir psicológica e emocionalmente e deixar claras suas fragilidades mais íntimas diante da pessoa que ama, não poderá voltar atrás. Terá dado um passo sem volta em um ato de honestidade sem precedentes. Lembre-se de que em nossa mente sempre existem certos assuntos que não estamos dispostos a revelar (voltarei a isso no tema da territorialidade, na Parte IV). São como segredos de Estado, espaços únicos e essenciais que, pela razão que for, não desejamos compartilhar. Neste teste, você tem de colocar todas as cartas na mesa, sem blefes nem ocultações: "Aqui estou, isto é o que sou".

Isso não pode ser um exercício teórico, tem que ser real. Você corre o risco, caso esteja com uma pessoa que não ama você de verdade, de que ela se aproveite das suas fraquezas e lhe cause dor. Em muitos relacionamentos, a força do "predador" está assentada na fragilidade do seu companheiro ou da sua companheira, de quem tira todo o benefício possível, a qualquer custo. Por exemplo, pode acontecer de você contar um segredo íntimo à pessoa amada e isso acabar se transformando em um argumento que ela usará contra você mais tarde. É um dos muitos riscos de se entregar a quem não deve.

Você é capaz de arrancar seu ser e deixá-lo ali, em frente à pessoa que supostamente ama, e ver o que ela faz? Só há dois resultados possíveis, que em pouco tempo aparecerão: a) o outro agirá com ternura e compreensão, você sentirá que ele valoriza seu gesto de confiança e confirma que ele ama você de maneira saudável; ou b) observa que o outro começa a se sentir mais forte e a dominância ou poder dele crescem na relação. E, embora a pessoa diga que compreende você, há um quê de desencanto que se nota no olhar dela. Não há compaixão nem empatia, apenas uma surpresa ruim, como se pensasse: *Como é possível? Não imaginava que fosse uma pessoa tão fraca!* A conclusão é definitiva. Neste teste, não existe meio-termo.

Certas pessoas, desde o primeiro encontro, falam pelos cotovelos, revelando suas intimidades e contando os segredos mais inverossímeis e até perversões ocultas. Muitos fazem isso em virtude de seus complexos, para saber se são aceitos ou não. Uma paciente começava a conversa dizendo: "Eu me separei duas vezes e tenho três filhos pequenos. Isso não faz de mim um bom partido, mas queria contar". Quando lhe perguntei por que fazia isso, por que abria tão abruptamente as comportas de sua intimidade, ela respondeu: "Para que saibam de uma vez o que eu tenho de ruim". Ela não se considerava uma pessoa passível de ser amada porque era "ruim" ser divorciada e ter filhos pequenos. Sei que parece irracional, mas era assim.

O "comércio afetivo" e os rituais de conquista requerem um espaço de aproximações sucessivas. Sondagens, expectativas, ajustes e exames de curto prazo. Se você mostra tudo de uma vez, sem pudor, é possível que o outro se assuste. Suas virtudes encantarão, mas suas hesitações ou inseguranças não agradarão nem um pouco, pois a pessoa ainda não sente nada por você. Para que se expor, então? Este teste serve para uma relação estável, quando você duvida do amor do outro, não para uma noite de aventuras nem para quando você decide sair para "caçar" um marido ou uma esposa.

Sexto teste

Essa pessoa se alegra quando você se alegra, sofre quando você sofre e se comove com seus problemas?

Como afirmei em outras passagens, o intercâmbio emocional, a empatia e a comunicação afetiva com quem amamos são determinantes para que o amor se consolide e cresça. Vi em meu consultório muitos pacientes que estão com pessoas que parecem de plástico, que mal expressam seus sentimentos e não são capazes de ler a informação emocional que transmitem a quem amam. Se esse é seu caso, se suas expressões afetivas não são decodificadas pelo outro, significa que você está com uma pessoa emocionalmente ignorante. Ambos os casos são graves, ambos frustrantes.

A seguir, cito um trecho de uma conversa que tive com um homem de 42 anos:

> **Paciente (P):** Ela não se sensibiliza, doutor, o que eu digo ou sinto parece que cai no vazio. Ela não percebe.

Terapeuta (T): Não percebe ou não se interessa? Ela entende o que outras pessoas expressam no campo emocional?

P: Sim, sim... É comigo.

T: Ou seja, você sabe que ela não tem nenhum déficit nem nenhuma alteração que a impeça de aprender ou captar seus sentimentos e de demonstrar empatia.

P: Ela vive muito ocupada com o trabalho... No fundo, eu a entendo...

T: Tenho minhas dúvidas. Desculpe, mas serei autorreferencial em meu exemplo. Em meu caso particular, embora eu viva muito ocupado com o trabalho, se minha esposa tem dor de dente, o meu também dói... E digo mais: se eu pudesse, sofreria no lugar dela.

P: São jeitos de ser.

T: Aceitemos que existem "estilos afetivos". O que você tem que se perguntar, então, é se o estilo de sua mulher é compatível com o seu, se você sofre por isso e se realmente é o que espera de uma relação satisfatória segundo suas expectativas.

P: Mas não posso obrigá-la.

T: Não de maneira direta; não estou falando de exigir afeto, porque isso seria humilhante, mas sim de explicar a ela que, para você (e acho que para qualquer um), é fundamental se sentir acolhido: se você vive uma alegria, que ela fique feliz; se tem uma dor física ou psicológica, que sua esposa compartilhe com você esse sofrimento. Isso se chama *compaixão*, "compartilhar a dor". Será que sua mente e seu coração têm tanto medo de perdê-la que justificam o injustificável?

P: Acho isso muito pesado...

T: Lamento, minhas sessões são sem anestesia. O que você não pode fazer é se afastar da realidade. Estou falando de uma realidade feroz e sem desculpas, mesmo que doa na alma. Se não enxergar as coisas como são e enganar a si mesmo, vai acontecer isso que está acontecendo agora: a depressão começa a crescer.

P: Então, tenho que pensar que se minha dor não dói em minha esposa ou não lhe interessa, ou se ela não a entende, é porque não me ama?

T: Se sua dor não dói nela e não lhe interessa, você está com a pessoa errada; e se ela não o entende, seria bom explorar isso em uma terapia de casal, para saber a opinião de um profissional especialista na área.

P: O que eu faço?

T: Vamos devagar, porque é uma decisão vital que envolve sua vida afetiva. Primeiro, converse com ela e explique que você sente um abandono emocional. Se ela disser não entender o motivo, reafirme-se com mais ênfase em seu descontentamento e acrescente que, para você, trata-se de uma carência que o impede de ter uma vida de bem-estar. Se sua esposa disser que não sabe o que fazer e que ela é assim, vamos nos preparar para uma separação inteligente; uma libertação sem a tortura de esperar sentado. Tente, use a coragem que há dentro de você. Não é melhor ficar sozinho um tempo, reinventar-se e ter certeza de que não vai repetir um vínculo no qual sua dor passe despercebida pelo outro?

Caro leitor ou leitora, se não passar neste teste, simplesmente você tem uma relação *mal-adaptativa*. Não é boa para sua vida. Se sua alegria não alegra a pessoa amada, se seu sofrimento não a atinge, se ela é indiferente às suas preocupações, procure alguém com quem possa compartilhar seus sentimentos de maneira completa e natural.

Sétimo teste

Tem certeza de que a pessoa amada não fará mal a você intencionalmente?

Este teste começa com um exercício de memória para, depois, observar durante um tempo o comportamento de quem diz amar você. Procure recordar e situar no tempo se a pessoa a quem ama machucou você intencionalmente. E enfatizo: de propósito. Isso significa que seu companheiro ou sua companheira fez algo sabendo que estava machucando você física ou emocionalmente. O que mais você precisa saber? O que mais precisa acontecer? Ele ou ela fez mesmo assim, não hesitou nem refletiu. Não estava nem aí para você.

Obviamente, há coisas mais sutis, como fazer você se calar em público, menosprezar suas conquistas, flertar com alguém na sua frente, ignorar sua presença... enfim, nesse pacote entra tudo que faz você sofrer. Ainda que a pessoa tente usar a ignorância para justificar a dor causada, por exemplo, dizendo: "Não sabia que você se sentiria mal com isso", isso não é suficiente. Se a pessoa a quem você ama não faz ideia de suas fraquezas, de suas vulnerabilidades, você está em má companhia.

Conclusão: procure em sua memória algum evento no qual a outra pessoa machucou você de maneira intencional. Se quiser lhe dar outra chance, deixe o tempo correr e, quando a situação se repetir, não tente justificar o injustificável. Já aconteceu antes e agora de novo... o que está fazendo aí? E, então, eu pergunto: para que quer ter essa pessoa ao seu lado se ela não merece você? Ela ama você? Se não passar neste teste, tudo indica que não (ou que seu jeito de amar precisa urgentemente de intervenção psiquiátrica). Melhor sair dessa, para não acabar se enforcando nesse laço afetivo. Procure coragem onde quiser, na religião, na terapia, em um grupo de amigos ou em alguma conversa íntima com Deus, mas não fique apenas assistindo à sua própria destruição. Se fizer isso, será cúmplice do seu algoz.

Oitavo teste

Às vezes, você tem que se desculpar por algo que não fez para que a pessoa amada se acalme?

Este é o paradigma da submissão: acalmar o predador, ao custo que for, inclusive ferindo-se psicologicamente. Pedir desculpas por alguma coisa que não fez, mentir para você a fim de que a pessoa amada fique calma é uma subjugação da pior espécie. É se submeter a um poder que exige que você assuma uma culpa que não tem, para que o outro deixe você em paz ou aceite quem você é.

Quando uma criança convive com pais destrutivos ou castigadores e não aprende as estratégias necessárias para aplacar o potencial agressor, o medo a faz recorrer a uma estratégia filogenética que foi adaptativa para a espécie humana em situações assim: a submissão. Dizer: "sim, você tem razão", "me desculpe, mamãe", "foi sem querer, papai", chorar, abaixar a cabeça, ajoelhar-se ou jogar-se aos pés do outro e suplicar. Isso também se faz por "amor". Que outra coisa a criança poderia fazer diante de pais destrutivos senão abdicar? É o que a natureza ensina:

"Quer sobreviver, abaixe a cabeça, ajoelhe-se". Ninguém poderia criticar uma criança por fazer isso. Mas imagino que você não seja mais criança. Quando somos pequenos, quem manda é o lado de fora, a força, mas, à medida que crescemos, são os princípios dentro de cada um de nós que começam a mandar.

E se você para de pedir desculpas pelo que não fez? Muitas pessoas começam se culpando para inibir a ira do outro; com o tempo, isso vira costume e elas ficam escravizadas em uma prática degradante.

Com este teste, o que pretendo é ver até onde você é capaz de anular seu ser, sua vontade de existir, para agradar seu companheiro ou sua companheira. E se isso ocorre e o outro aceita, nem ele ama você nem você se ama. Para que continuar, então? Defina um limite e diga: "Se passar um milímetro – sim, um milímetro – desta linha, acabou. E não é que eu não ame você, é que meus genes e até a última célula de meu corpo estão dizendo: 'Chega'. Estão exigindo que eu respeite meu corpo, minha mente e minha história. Assumir uma culpa que não é minha é ir além de minha dignidade".

Como eu disse antes, pode ser sutil e parecer um fato sem importância; porém, se for necessário um sacrifício moral, por menor que seja, para estar com sua metade da laranja, não o faça. Se o que aconteceu não parece grave para você, pense nos cupins: não os vemos nem os sentimos, mas eles corroem nossa casa até acabar com ela.

Se o outro obriga você a trair a sua natureza, como já apontei aqui, faça as malas e vá embora. Seja fiel a quem você é: esta é a maior das fidelidades.

PARTE II

QUATRO CRENÇAS QUE ALIMENTAM O APEGO AFETIVO E ENFRAQUECEM SEU AMOR-PRÓPRIO: COMO IDENTIFICÁ-LAS E COMBATÊ-LAS

O apego afetivo é o pior inimigo do amor e uma das principais razões de nos perdemos de nós mesmos em um relacionamento amoroso. É um tipo de vício cuja droga é a pessoa que supostamente amamos. Você perceberá que seu vínculo é extremamente dependente se aparecerem, pelo menos, estes três sintomas:

» **Incapacidade de renunciar à relação, mesmo que ela se torne uma carga ou uma tortura.** E não me refiro necessariamente a maus-tratos físicos ou psicológicos, mas a quando você sente que estar com alguém é incompatível com seus sonhos e sua autorrealização, quando seu companheiro ou sua companheira é indiferente às suas emoções ou quando percebe que você ocupa um segundo lugar em quase tudo, como se o outro tivesse mais direitos que você.

» **Crença irracional de que sem essa pessoa você não pode ser feliz de jeito nenhum, nem viver em paz nem se sentir bem o suficiente para ter uma existência que valha a pena.** Se isso acontecer, é porque você entregou para a outra pessoa o que deveria ter dentro de si: o controle de sua vida, seu autogoverno. Entregou seu eu e a construção de sua identidade pessoal a um agente externo. Como estabelecer uma relação digna, se você perdeu a autonomia?

» **Medo da perda.** Você perde tempo demais "vigiando" a pessoa amada, escaneando o mundo interior dela para ver como e quanto ela ama você, em busca de algum indicador de alerta para evitar o desastre do adeus. Essa vigilância, que muitas vezes se torna compulsiva, começa a provocar uma infinidade de confusões e mal-entendidos. Por exemplo, um cenho franzido é interpretado como um "ele ou ela não me aguenta mais", qualquer silêncio é vivido como um indicador de afastamento, falta de sexo é porque ele ou ela tem outra pessoa ou não deseja mais você, e assim sucessivamente. Você passa o tempo todo num eterno "bem-me-quer, malmequer" e, quando menos espera, a maior parte de suas emoções, seus comportamentos e pensamentos está girando ao redor do outro. Amar não é andar como uma alma penada reunindo pistas para ver se o outro vai abandonar você ou não.

O apego é nefasto pelo que ele *produz* (por exemplo, sofrimento, ansiedade, depressão ou ciúmes), pelo que ele lhe *tira* (autoconfiança, liberdade de ser quem é e autonomia) e porque ele *confunde* ao turvar sua percepção (atribuir ao outro mais beleza e valor do que tem e ignorar seus defeitos).

Já o oposto do apego, o desapego, não é distância afetiva. É amar sem posse, sem medo da solidão afetiva e mantendo seus direitos na ordem do dia. Sua atenção não se concentrará apenas na pessoa amada; você continuará em contato com *toda a realidade*, estará nela sem distrações radicais e com toda a sua capacidade de desfrutar. *Talvez seu companheiro ou sua companheira seja o melhor para você, mas não a única coisa boa.*

Vejamos em detalhes quatro crenças que afastam você do seu eu e roubam sua independência emocional. Cada uma delas dirige seu comportamento, seus sentimentos e seus pensamentos para o buraco negro do vício no amor. As crenças que veremos a seguir agem como valores negativos, ou antivalores, e idiotizam seu comportamento, fazendo com que você avalie como importante e imprescindível algo que não é. Elas levam você a se doar de maneira obsessiva e não esperar nada em troca. Em outras palavras: elas alimentam sua ignorância emocional, e não sua inteligência afetiva, como deveria acontecer para construir um bom amor.

Sabe qual é o pior inimigo da mudança que você deveria fazer para renascer e ser quem realmente quer ser? O medo. Medo da solidão, de que ninguém ame você, de perder uma pessoa maravilhosa (mesmo que não seja) e recomeçar com alguém que você nem sequer sabe se existe. A preguiça ou a intolerância a mudanças escondem pura covardia. Mudar dói, gostemos ou não. Pergunte-se o que você prefere: uma vida anestesiada ou a dor saudável da cura afetiva? A pílula azul de *Matrix* e viver uma mentira, ou a vermelha e ver a realidade?

As quatro crenças, socialmente aceitas e promovidas pela cultura do amor romântico, que acabam com todo amor saudável, são: "Sem você não sou nada", "Você me define", "Você dá sentido à minha vida" e "Você é tudo para mim". O absurdo é que, se assumir essas crenças, você receberá elogios, ouvirá as pessoas dizerem que você ama com loucura e receberá os parabéns, quando, na realidade, deveria receber pêsames. Vamos examinar cada uma delas detalhadamente.

"Sem você não sou nada"

Essa ideia faz você mergulhar de cabeça na coisificação: faz pensar que você é um meio, um objeto com valor de uso, e não alguém com valor intrínseco. Quando essa crença irracional se incorpora à sua base de dados, sua dignidade pessoal passa para as mãos da outra pessoa. Se você não é nada e precisa da presença de quem ama para existir e ter valor como pessoa, significa que você não é um fim, e sim um meio; precisa da pessoa amada para que sua humanidade seja reconhecida.

Eu lhe pergunto: onde você estava antes de essa pessoa aparecer, então? No limbo? Sua dignidade existe porque você tem algo a dizer que vale a pena ser compartilhado e escutado. Amar é expressar: "Você me interessa", "Você me importa". Ninguém precisa elevar você à condição de pessoa: você já é uma pessoa! Sempre foi! Quem diabos deu a seu companheiro ou sua companheira o dom de determinar quem tem ou não condição humana? Nada justifica precisar recorrer ao amparo e à proteção de quem você ama para que ele ou ela "dignifique" e aprove você.

Tire essa crença da cabeça, jogue-a no lixo. Você é *alguém*, não *algo*. Quando ama, compartilha grande parte dos seus sonhos, esperanças e valores, e isso é *seu* por direito próprio. Ninguém dá nem vende isso. Dizer "sem você não sou nada" (portanto, "com você sou") é aviltante. Preste atenção: ou a pessoa ama você pelo que você é, ou é melhor não amar. Seu companheiro ou companheira deve sentir felicidade e orgulho por estar com você sem maquiagem nem remodelações emocionais. Ou você ama a totalidade do outro ou não ama nada. Se o outro aceita lhe dar sua bênção para que você deixe de ser "nada", fuja para bem longe.

Para começar a combater essa crença:

- Leia a Declaração Universal dos Direitos Humanos e curta o prazer de descobrir que não precisa que ninguém certifique que você pertence à raça humana. O fato de o outro ter que validar você para que então você se valide é humilhação, e a humilhação é incompatível com o amor. Quer sua metade da laranja goste, quer não, você tem DIGNIDADE, assim, com letras maiúsculas. Você não é uma coisa, é uma pessoa. Grave bem isto: você não tem que viver à sombra de ninguém.

- Pratique a autonomia, o que significa ser internamente livre e tomar suas próprias decisões. Você não tem que pedir permissão para existir. Use seu motor interno. Pode estar com a pessoa amada e, mesmo assim, dirigir sua própria vida nos aspectos fundamentais: sua vocação, seus sentimentos, seus valores, suas crenças etc. Seja o que for que seu companheiro ou sua companheira diga, você é responsável por sua própria vida. Sinta-se essencialmente livre, e, se o outro não gostar, o amor dele por você é escravista.

- Elabore sua própria declaração de direitos (autoafirmação) e some-os aos da Declaração Universal dos Direitos Humanos que apontei. Assim, você terá um guia do que é negociável e do que nunca deve negociar. Aqui vai um exemplo extraído de várias fontes e pacientes que conseguiram estabelecer essa referência interior. Para deixar claro, os direitos são valores, aquilo que é realmente importante para você. Entre estes dezessete direitos assertivos, veja quais você escolhe ou não:

    1. Direito a receber tratamento digno e respeitoso.
    2. Direito a experimentar e expressar sentimentos.
    3. Direito a ter e expressar opiniões e crenças.
    4. Direito a decidir o que fazer com o próprio tempo, corpo e propriedades.
    5. Direito a mudar de opinião.
    6. Direito a decidir sem pressão.
    7. Direito a cometer erros e a ser responsável por eles.

8. Direito a ser independente.
9. Direito a pedir informação.
10. Direito a ter suas ideias escutadas e levadas a sério.
11. Direito a fazer sucesso e a fracassar.
12. Direito a ficar sozinho ou sozinha.
13. Direito a estar satisfeito ou satisfeita.
14. Direito a não fazer sentido.
15. Direito a dizer: "Não sei".
16. Direito a fazer qualquer coisa sem violar os direitos dos outros.
17. Direito a não ser assertivo ou assertiva.

"Você me define"

Essa crença indica que você está muito abaixo na relação, que seu afeto habita as entranhas do apego. Nesse caso, já não se trata do quanto você vale, mas do fato de que você põe sua identidade pessoal, sua definição e sua singularidade nas mãos da pessoa amada para que ela as determine.

A identidade pessoal é o conjunto de características próprias de uma pessoa, que lhe permitem se distinguir do resto. É o conjunto de gostos, crenças, ideologia, costumes etc., que configuram sua personalidade. É o que constitui seu "eu", o que conhecemos como *self*. Pessoas imaturas não são capazes de se definir (inclusive, essa incapacidade pode ser elemento de algumas alterações psicológicas, como o transtorno de personalidade limítrofe). A questão é a seguinte: alguém que não é capaz de dizer "sou isso" ou "tento ser isso" acabará procurando sua identidade em algum referencial qualquer, para depois o imitar.

Se não tiver autodeterminação, você será como um barquinho no meio do oceano: irá para onde os ventos quiserem. E, nesse caso, é justamente a pessoa amada que pode acabar direcionando e estabelecendo sua vida psicológica. Você criará um apego e tudo o que o outro disser sobre como agir e pensar será seu farol: "Vá para lá. Venha para cá. Faça isso ou aquilo".

Como evitar que isso ocorra? Recupere e atualize sua autobiografia. Por que não retoma sua história, esse passado que determinou e ainda determina o rumo de sua vida? De onde você vem e para onde quer ir? Essa experiência anterior é a seta que indica um rumo específico, suas preferências e sua visão de mundo.

Se a pessoa amada tem que lidar com sua "desorientação", talvez você precise de ajuda. Ninguém deve definir quem você é! Essa é uma tarefa que só cabe a você, um privilégio seu! Você não precisa de um guia, e sim de uma companhia para a viagem. Como pretende ser quem é de verdade se o outro ocupa sua mente?

O amor saudável se move fora do eixo dominância/submissão. "Você me define" significa escravidão e submissão afetiva. Em uma relação boa, respeitosa e democrática, ninguém define ninguém: o que a torna saudável é a emancipação das duas pessoas, a livre decisão de andarem juntas. Um amor submisso, que precisa de um aval externo para "ser", é dependência radical, apego do mais áspero e esmagador. Se você está em uma situação dessas, recomendo uma destas duas coisas: se sentir que não consegue se encontrar, peça ajuda profissional; e, se sua metade da laranja pretender intervir na construção de sua identidade, fuja! Ninguém deve classificar, catalogar ou rotular você, nem a pessoa que você diz amar. Preste atenção ao que eu digo, fuja.

Para começar a combater essa crença:

- Procure em sua história pessoal de onde você vem, quem era ou é sua família, relembre a época de escola. Relembre seus amigos, seu primeiro amor, sua iniciação sexual, algo que tenha feito você sentir orgulho e as coisas das quais se envergonhou. Situe-se nesse processo de crescimento. Assim, começará a ver como sua identidade começou a se formar e de que maneira continua se organizando no dia a dia.

- Você saberá qual é sua identidade pessoal quando se descobrir sendo coerente, quando seu pensar, agir e sentir estiverem em conformidade: pensamento, comportamento e emoção alinhados e integrados como uma flecha disparada ao céu.

- Tome consciência de que a construção dessa identidade não precisa da aprovação de ninguém, nem de nenhum coach do amor. Você se autodefine e se conceitualiza com base no que observa de si. Definir-se é um trabalho de autoconhecimento que só pertence a você. O ideal é que a pessoa amada respeite sua territorialidade emocional, esse espaço de reserva psicológica onde você se inventa, reinventa e descontrói a cada respiração, a cada instante. E, se ela insistir, apesar de tudo, em querer ser coautora do seu "eu", mande-a à merda.

"Você dá sentido à minha vida"

As canções românticas cantam e a cultura promove esse mote como uma grande prova de amor. Como se houvesse um antes e depois de você, tal como antes e depois de Cristo: "Para que viver, se você não está comigo?". Quando o marido de uma paciente minha viajava a trabalho por uma ou duas semanas, ela entrava em uma espécie de estado de hibernação. Ficava seca por dentro e por fora, imóvel diante de sua existência, e via a vida passar como se não tivesse nada a ver com ela. Quase não tomava banho, não se arrumava, afastava-se dos amigos, ficava deprimida, via tudo em "preto e branco", segundo suas próprias palavras. A alegria, o hedonismo básico, não causavam nada nela, por falta do seu motivo condutor. "Para que, doutor, se ele não está aqui? Nada é igual, tudo se apaga. Mas, quando o vejo entrar pela porta, tudo se acende, tudo renasce. Ele dá sentido a tudo". Quando ele chegava, a experiência existencial surgia diante dela em cores e em 3D. A energia vital do universo tornava a fluir por seu corpo e sua alma. Tudo voltava à maravilhosa normalidade de tê-lo em seus braços.

Se a pessoa que está ao seu lado é o significado de sua existência, você abandonou sua autorrealização e o desenvolvimento dos seus talentos naturais. Reprimiu ou minimizou sua vocação essencial, que estava à flor de sua pele havia alguns anos, e agora sua vocação é a pessoa amada.

Dizer "a vida não tem sentido sem você" implica aceitar que o propósito de sua existência gira em torno do outro. Você se queixa de que não se reconhece mais, que se perdeu, que não tem mais a força de antes? E o que esperava? Você deu à pessoa amada o poder de ser a motivação principal de cada ato de sua vida. Você se realiza nela, e não com ela. E torno a perguntar: se é ela quem dá sentido à sua vida, acabaram-se seus objetivos, metas, sonhos ou esperanças pessoais? Você é realmente incapaz de explorar o mundo e tentar encontrar um propósito, ou vários, que lhe permitam prosseguir por conta própria? Se assim for, seu potencial humano se apagará para sempre.

Essa crença impede você de exercer o direito à *correspondência emocional*. Você dará amor de maneira incansável e compulsivamente para não perder a pessoa amada, independentemente do que ela faça. Será mais importante amar que receber amor, porque ao lado da pessoa estará o sentido vital de sua existência. Você terá perdido o norte.

Para começar a combater essa crença:

- Pense que pôr sua vida nas mãos da pessoa amada para que ela oriente seus passos é um ato imaturo e aviltante. Não acredito que haja um sentido universal, e sim individual. Cada sujeito define o que é determinante e vital para sua vida e aonde quer ir. Pergunte-se o que você quer, o que a existência significa para você. Para que e por que você vive? Você não precisa ter a resposta, basta se fazer a pergunta mil vezes, refletir sobre seu ser e jamais se deixar conduzir como uma ovelha ao matadouro. Uma coisa é dar conselhos, outra é pensar por conta própria.

- Cedo ou tarde, essa crença leva você a renunciar a suas motivações básicas e a se deixar "assessorar" sobre o que deve fazer, sentir e pensar. Se seu companheiro ou sua companheira dá sentido à sua vida, o que você vai fazer com aqueles desejos, sonhos, metas e propósitos que são exclusivamente seus, com esses impulsos que nascem do seu jeito genuíno e de sua verdadeira singularidade? Não é possível ter uma vida saudável e decorosa com uma motivação emprestada. Ou você entende que tem que se apropriar do seu próprio ser e mandar em si, ou será o pálido reflexo de alguém que lhe dirá quando e como agir. Irá aonde mandarem que vá. Isso não é amor, é anulação e submissão.

- Essa crença tem um efeito complementar que poderíamos chamar de *apego existencial*. Se o outro dirige seu destino e você fica mal quando ele não está presente, você não está caminhando ao lado, mas sim atrás dele. O que acontecerá com sua mente? Perderá a lucidez. A melhor maneira de rebater e combater a ideia de que a pessoa amada dá sentido à sua vida é criar um estilo de desapego afetivo. Estar disponível para a perda. Entender que se essa pessoa não estiver ao seu lado, você reorientará sua história, estruturará seu presente como melhor lhe agradar, mesmo que doa, mesmo que erre. Tropece! Tente e explore! Mas seja você, sem o aval de ninguém, nem mesmo da pessoa amada. O sentido? Você decide.

"Você é tudo para mim"

Se a pessoa amada é tudo, ou se você assim a percebe, você a transformou em sua religião e, obviamente, vai se entregar a ela cegamente. Vai idealizá-la e ela se transformará em uma espécie de ditador que entrará em sua mente. Não será mais sua droga preferida (o que já é muito ruim), e sim seu Deus pessoal (o que, sem dúvida, é ainda pior).

"Você é tudo para mim" não só significa que tudo, o mundo e suas experiências vitais, acabou, como também algo terrível: "Você me contém". "Você é tudo para mim" é outra maneira de dizer "sem você eu não existo, eu sou seu apêndice". Como eu já disse, veneração não é amor, é submissão e obediência. Abraçar, beijar e mimar não é reverenciar.

Se tudo isso for verdade, como você quer amar sem esquecer de si? Tire esse "tudo" da cabeça, do coração e do baixo-ventre. A pessoa amada é humana: sangra, sua e vai ao banheiro. Não tem nada de divindade. Não a idealize, veja-a em sua dimensão humana, crua e docemente, sem vieses positivos nem negativos. Exatamente como é, sem desculpas nem filtro.

O que costuma acontecer nesses casos é que, por se diminuir tanto, você magnificou o "amor da sua vida". Sua depreciação é a grandeza do ser amado, esse que contém você, que honra sua existência com o amor dele, e é a única fonte de prazer e segurança. Um semideus ou uma semideusa na Terra.

Quando se desprender dessa fantasia ou apego que construiu, acontecerá algo maravilhoso: você se colocará à prova. Emergirá uma parte sua que continua viva, chamada *amor-próprio*. Amar, dizia o biólogo Humberto Maturana, é deixar aparecer, ou seja, deixar que a outra pessoa se manifeste como realmente é. Amar-se é deixar-se ser. Amor espontâneo, leve, livre e respeitoso.

Para começar a combater essa crença:

- Se a pessoa amada é tudo e inclui você na existência dela de maneira radical, qual é sua relação com o cosmo, com o sagrado, com Deus ou com a natureza? Essa pessoa tem mais valor que isso? Você realmente acha que é parte dela? Solte-se! A extraordinária experiência de estar no movimento da vida e curtir cada pedacinho de sua capacidade de sentir não acaba na pessoa amada. Se suas vivências têm que ser "reguladas" pelo amor que você sente pela pessoa, elas são incompletas ou fraudulentas. Você já teve a forte sensação de que passa o tempo recolhendo as sobras que sua metade da laranja deixa dos momentos felizes que ela vivencia? Ela não voa, não tem superpoderes, não tem nada de divindade.

- Se acha que a pessoa amada é tudo, ela ocupará sua mente e seu ser, você verá pelos olhos dela, sentirá o que ela sente e pensará o que ela pensa. Dirá: "Sou parte de você". Como se amar fosse um tipo de canibalismo afetivo. Você não precisa que a pessoa absorva você até fazer com que você desapareça. Isso é posse. Rebele-se contra a devoção e a idolatria à pessoa amada, pois isso tira sua energia e fomenta um apego generalizado. Olhe nos olhos da pessoa, sem baixar a cabeça, de igual para igual. Ou amor é uma democracia ou não é amor.

- Algumas pessoas não apenas sentem que tocam o céu com as mãos quando estão com a pessoa amada, mas que estão no próprio céu. Isso implica concentrar toda a felicidade em um só lugar. É um exemplo de dependência emocional ao extremo. Não dê bobeira, fuja, jogue-se na existência sem o consentimento nem a bênção da pessoa amada. É possível estar com alguém sem renunciar a seu espaço vital. Como dizia o poeta Ismael Enrique Arciniegas: "Suas rosas, minhas rosas e nossas rosas". Não só as do outro. Não acenda velas para a pessoa amada; aproxime-se dela levando a humanidade que vocês compartilham. Nunca diga: "Além de você não há nada". Não se dilua em um amor que rouba a singularidade que nos determina.

Conclusão:
"Não posso viver sem você"

Vamos pegar as crenças anteriores e reuni-las em um único esquema que poderíamos chamar de *apego crônico*. Imagine-as todas juntas e gritando em uníssono: "Você me dá dignidade, identidade, significado e importância". Ou seja, "você me outorga humanidade, me valida como humano e faz com que eu possa existir, é mais vital que o ar". A conclusão é óbvia: "Não posso viver sem você, sem seu apoio eu não passaria da escória da humanidade". Como estar com a pessoa amada de maneira tranquila e ser como você é sem se deixar corromper e subjugar pelo medo de perdê-la?

De onde vêm essas ideias irracionais?

Esse pensamento provém da cultura em geral: nos processos de ensino e aprendizagem que têm origem na família, na escola, nos cultos religiosos, nos produtos audiovisuais de ficção (cinema ou novelas de TV), na literatura romântica e na música. A isso devemos somar nossa experiência pessoal com relacionamentos afetivos. A história da humanidade levou à divinização do amor durante séculos; um padrão amoroso impossível de seguir, mas que nos esforçamos para manter. Promovemos um paradigma distorcido que confunde amor com paixão ou, o que dá no mesmo, com o sentimento de posse, apego, hipomania e a obsessão que acompanha esta última.

Fomos levados a acreditar que a principal realização está em se apaixonar por alguém, porque quem não consegue esse vínculo amoroso é uma pessoa infeliz e incompleta. Casar-se é um ato sagrado, considerado muitas vezes para sempre, o que induz as pessoas a desenvolverem níveis de tolerância inaceitáveis. Não importa quem seja nem qual seja o custo de estar com a pessoa amada, não importa a involução, a anulação ou o desajuste que se possa vivenciar: o amor é todo-poderoso, eterno e incondicional. E, se essas características não estiverem presentes, não se trata de um amor verdadeiro, mas de uma falsificação grosseira. Como se não pudesse existir amor disfuncional, destrutivo, imaturo ou abusivo, nem as formas de se relacionar doentias que nós, profissionais da saúde mental, vemos diariamente.

A cultura também cultiva, de maneira direta ou indireta, a dependência afetiva e o medo da solidão. Estar afetivamente sozinho é percebido como um fracasso.

Some tudo isso e pense como esse bombardeio de informação pode ter influenciado você. Quando as crenças de que falamos se instalam em seu cérebro, você acha normal uma entrega desproporcional que não espera nada em troca, independentemente do que a pessoa amada fizer. No dia a dia, se seus direitos forem menosprezados ou o custo de estar com alguém fizer você mergulhar em um poço de insegurança, você olhará para o outro lado, minimizará os fatos ou os justificará; acabará se resignando e suportará qualquer coisa. Um pensamento se instalará em sua mente: "Não vou jogar a toalha, o amor pode tudo". E assim ficará até envelhecer.

Afirmar "não posso viver sem você" esconde um sem-fim de fracassos. Fraqueza, medo, antivalores, dependência, baixa autoestima, necessidade de aprovação, idealização da pessoa supostamente amada, autossacrifício irracional, autoabandono e uma autoconfiança pobre, entre outras coisas.

O que você precisa entender, de uma vez por todas, é que você não é menos que sua cara-metade e que por nenhuma razão deverá ocupar um segundo lugar na relação. Não se coloque atrás nem à frente de ninguém, mas sim ao lado, de igual para igual. Uma paciente me dizia: "É que ele é mais inteligente, mais bem-sucedido, mais gente boa, mais bem-humorado, as pessoas o adoram... Eu não estou à altura dele, tenho sorte por ele ter reparado em mim". Que tipo de relação pode ser construída sob essa perspectiva? A mensagem é terrível: "Você voa enquanto eu me arrasto". Sentir que você não existe por direito próprio, visto que "não está à altura", é se considerar insignificante comparado com a majestade do seu grande amor. Por que não dizer "nós dois temos sorte de estarmos juntos, de termos um ao outro"? Ou "esta relação vale a pena porque nós valemos a pena"?

O que aconteceu com a minha paciente? O marido a trocou por outra mulher. E a conclusão dela foi: "Era de esperar, ele sempre foi demais para mim".

PARTE III
PESSOAS PELAS QUAIS SERIA MELHOR VOCÊ NÃO SE APAIXONAR

Vamos imaginar que você tinha uma relação desequili-brada, na qual dava muito mais do que recebia e a pessoa amada não atendia às suas necessidades afetivas. E suponhamos, ainda, que, de tanto amar, você deixou de lado grande parte dos seus interesses de vida. Foi se diminuindo, anulando seu ser e perdendo suas esperanças para reafirmar as do outro. Assim, certamente você ocupou um desonroso segundo lugar, mesmo que o fizesse com carinho e tivesse certeza de que essa maneira de amar era adequada.

Pense bem: a pessoa a quem você ama – ou amava – normalizou esse desequilíbrio e se acomodou nele? Naquele momento, a pessoa amada não pensou que o amor é e deve ser recíproco? Se você acha que a relação afetiva entre duas pessoas implica não esperar nada em troca, está cometendo um terrível engano. Amar e receber amor é a condição básica e inegociável de qualquer relação completa e democrática. O afeto saudável é uma estrada de mão dupla. Talvez seja essa a razão pela qual se diz: "Ame a seu próximo como a si mesmo". Não como ao universo, a Deus ou a qualquer outro referencial, mas sim "como a si mesmo", porque a autoconservação é a chave e o vetor da vida.

Pergunte-se: se você visse que a pessoa que ama é um apêndice seu, que vive e respira só para você, de uma maneira compulsiva, e é descuidada com ela mesma, você não diria nada? O que você faria se a pessoa amada só girasse a seu redor? Aceitaria e pronto? Não, certo? Se amasse a pessoa de verdade, você a faria ver que ela também conta. Isso é muito evidente! Possivelmente tentaria consertar isso fomentando mais a independência emocional e a autonomia dela.

Pois se sua metade da laranja age como se seu dever fosse existir exclusivamente em função dela, se o estilo amoroso dela é autorreferencial, se seu mal-estar não dói nela e, além de tudo, se ela não sabe ler suas emoções, você está com a pessoa errada, por mais que a ame. Fuja. Você não tem que ser satélite de ninguém.

Agora, vou detalhar cinco estilos afetivos profundamente danosos. Se conhecer pessoas que se encaixam nesses estilos, é melhor não se apaixonar por elas, ou se afastar o mais rápido possível, se já estiver com alguém assim. São eles: o estilo imaturo/emocional, o estilo controlador/possessivo, o estilo indiferente/eremita e o estilo narcisista e duas de suas variações. Por último, analisarei o caráter passivo-agressivo e suas principais características.

Estilo afetivo imaturo/emocional

Quando você sente que, para estar bem com a pessoa amada, precisa "adotá-la"

Algumas pessoas infantis passam a vida toda dando chilique por tudo que não é como elas gostariam que fosse. São indivíduos pouco razoáveis, com baixa tolerância à frustração, egocêntricos e incapazes de processar a realidade do jeito que ela é. Se você está com alguém assim, não se casou, adotou uma pessoa. É impossível argumentar com alguém irracional. A maturidade implica descentramento, ver as coisas sob outros pontos de vista sem entrar em crise: o que dirige nosso comportamento é principalmente a mente, não nossos hormônios ou nossas necessidades primárias.

Paciência? Pois vamos combinar que ter paciência é uma virtude e que vale a pena em muitos aspectos da vida, especialmente com crianças. Contudo, há duas questões que você deve levar em consideração: 1) essa pessoa imatura que está ao seu lado não é uma criança, e sim seu(sua) parceiro(a) afetivo; e 2) para que a paciência seja e se mantenha uma virtude, não deve ser confundida com subjugação, pois, se isso acontecer, passará do limite de sua dignidade pessoal.

Uma pessoa imatura é uma carga porque ela não sabe dialogar. Sempre vai querer impor o próprio ponto de vista e não dará atenção ao que você disser ou fizer. A vida dela está ancorada em um submundo ao qual você não terá acesso. E não digo que seja uma patologia, porque essa personalidade não aparece nos tratados estatísticos de classificação psiquiátrica. Mas não tenha dúvidas: ela existe e afeta negativamente qualquer relação.

O estilo imaturo/emocional sofre do que poderíamos chamar de *infantilismo cognitivo disfarçado*. São pessoas que podem se comportar normalmente em sociedade; o problema está na maneira de processar a informação. A mente dessas pessoas funciona como se estivesse presa em uma indeterminada etapa infantil do crescimento emocional. Elas se recusam a amadurecer ou não são capazes de assumir papéis adultos. Uma de suas principais características é o centralismo ou egocentrismo, ou seja, não são capazes de aceitar outras perspectivas ou dimensões para explicar algo. Por desconhecer que outros podem ter informações diferentes, fecham-se em um mundinho absolutista. Não se trata de Asperger nem de autismo, nem de alguém com traços psicóticos; é apenas uma pessoa com um perfil imaturo com quem é muito difícil se conectar, a não ser que o outro se transforme em Wendy ou Peter Pan.

Indicarei os principais traços que definem esse estilo afetivo. Leve em conta duas coisas: 1) nem sempre as pessoas reúnem todas as características; no entanto, é bom saber que, segundo minha experiência, se alguém reunir três ou mais delas, você estará diante de uma pessoa imatura; e 2) cada uma dessas características pode conviver com outras, que complicam a classificação. Mesmo assim, não se trata de rotular, e sim permitir que você defina como se sente com alguém de personalidade imatura e se realmente deseja continuar com essa pessoa. Também é importante destacar que a imaturidade psicológica ou emocional – ou alguns atributos dela – é típica de pessoas emocionalmente dependentes. Vejamos com detalhes as variáveis que definem esse estilo.

1. **Baixa tolerância à dor.** Pessoas imaturas não suportam o sofrimento, mesmo que seja mínimo, nem o desconforto. Querem viver entre sedas e rendas. A pergunta é: como diabos vão sobreviver em um mundo tão doloroso e difícil? Você quer ter ao seu lado uma pessoa assim?

2. **Busca exagerada por sensações.** Esses indivíduos precisam de um bombardeio de estímulos variados. Ficam facilmente entediados e querem sempre fazer

coisas para se distrair. Mesmo que você use suas forças e sua imaginação, elas não serão suficientes para satisfazê-los. Eles não se cansam. Quer ter ao seu lado uma pessoa assim?

3. **Baixa tolerância à frustração.** Nós nos frustramos quando a expectativa que temos de alcançar uma meta, pela razão que for, não se realiza. É basicamente uma resposta de ansiedade. Os estilos afetivos imaturos vivem quase permanentemente na angústia da frustração. A crença que há por trás dessa reação é a seguinte: "Se as coisas não são como eu gostaria que fossem, fico com raiva". A consequência é a manha ou o chilique. É muito difícil para pessoas assim saberem o que depende delas e o que não depende. Elas não aceitam o não com facilidade e ativam a "birra adulta", como ficar sem falar com o outro, trancar-se no quarto, ir embora ou agredir. Quer ter ao seu lado uma pessoa assim?

4. **Enfrentamento dirigido às emoções.** Quando estão diante de um problema, mais do que se concentrar em encontrar a solução, essas pessoas focam a atenção em não se sentir mal, como se, assim, se desligassem da causa. Um enfrentamento maduro dirige-se ao problema, buscando solução, e não só alívio. É claro que, quando uma emoção incomoda, queremos

nos livrar dela rapidamente; poderíamos, inclusive – veja só! – aprender a controlar a sensação desagradável mesmo quando o problema ainda existe. Mas essas pessoas são muito ruins para resolver contratempos. Quer ter ao seu lado uma pessoa assim?

5. **Baixa complexidade cognitiva.** Essas pessoas tendem a raciocinar de modo superficial. Informação complexa as irrita. Têm uma mente que poderíamos chamar de simples ou elementar e têm medo de se aprofundar. O cérebro é como um músculo (que, se não for trabalhado, atrofia), então, com o tempo, perdem capacidade cognitiva. Só usam os músculos mentais nas áreas que lhes interessa, seja no trabalho, seja em um hobby. Se partimos do fato de que criar um filho é uma atividade de alta complexidade cognitiva, não costumam ser bons pais ou mães. Quer ter ao seu lado uma pessoa assim?

6. **Alta impulsividade.** Elas têm muita dificuldade para controlar seus impulsos. Não me refiro somente aos negativos, mas também aos positivos. Podem fazer um verdadeiro escândalo quando ganham algo de que gostam, ou gritar como umas condenadas quando estão em uma situação que as incomoda. Devido à sua imaturidade, não têm bom autocontrole, o que, às vezes, provoca problemas de todo tipo: por

exemplo, apresentam certa vulnerabilidade a cair em diversos tipos de vícios. Quer ter ao seu lado uma pessoa assim?

7. **Pouca introspecção.** São pessoas com pouca capacidade de auto-observação e, portanto, de autocrítica. Por ter um autoconhecimento deficitário, podem acreditar em qualquer coisa sobre si mesmas. Quando alguém encontra um defeito nelas, surpreendem-se porque não o viram ou se ofendem em razão de sua baixa autoestima. Se alguém disser: "Pense em você", é possível que mudem de assunto. Quer ter ao seu lado uma pessoa assim?

8. **Pouco senso de humor.** O humor a que recorrem costuma ser grosseiro ou prático. Não veem tanta graça em piadas de duplo sentido, no absurdo ou no efeito risível da contradição. Uma queda, um tropeço, um empurrão (pense nos Três Patetas) são mais eficazes para provocar o riso nelas. Não são exatamente sutis ou sofisticadas no humor. Quer ter ao seu lado uma pessoa assim?

9. **Ilusão de permanência.** Quando se apaixonam, tendem a congelar o tempo. E se confundem quando ocorre alguma mudança inesperada. A ilusão que as move é que o amor é para sempre, assim como muitas

outras coisas. Têm dificuldade de ver um mundo onde a impermanência rege, não percebem que tudo muda. Não que desconheçam a história como disciplina, mas é que tendem a ver o universo como estático. Uma espécie de conservadorismo crônico as invade. Quer ter ao seu lado uma pessoa assim?

Você deve estar se perguntando como são esses indivíduos quando amam. Minha resposta é: pegue o que foi dito anteriormente, misture tudo desordenadamente e o resultado será a maneira de amar desses indivíduos. É verdade que poucos têm todos os indicadores, mas com três ou quatro já conseguem infernizar a vida de qualquer um. Leia de novo as nove características apontadas e procure imaginar como seria sua vida com alguém assim.

Pois bem, se você já está em um relacionamento com uma pessoa imatura, não tente fazê-la amadurecer. Ela precisa de ajuda profissional, mas não sou otimista nem em relação a isso. Você decide.

Estilo afetivo controlador/ possessivo

Quando a pessoa amada tem certeza de que você pertence a ela, como se fosse um objeto ou uma coisa

Os sujeitos que se enquadram nesse estilo amoroso concebem a vigilância sobre o outro como uma forma de vida. Um pensamento guia seu comportamento: "Você me pertence porque eu te amo, portanto eu me aproprio de sua pessoa". Se as caras-metades dessas pessoas sofrem de dependência, ficarão felizes por ser colonizadas por quem supostamente as ama mais que tudo. Mas aí está o erro: em um amor saudável, ninguém pertence a ninguém. Quando você começa a se sentir uma extensão de quem ama, sua relação afetiva se transforma em cativeiro, mesmo que lhe pareça um sequestro maravilhoso.

Nossa cultura vê com bons olhos dizer: "Você é meu, você é minha", pois implica querer formar uma unidade com o outro – fundir-se, desaparecer na pessoa que amamos e estar a seu serviço. Repito: ser "posse" de alguém é mais um sofrimento socialmente aceito que uma manifestação de amor saudável. Significa se apossar da pessoa amada e fazê-la funcionar segundo suas normas: é um "afeto ditatorial" que vai nos obrigando a viver em função do outro.

Se seu(sua) companheiro(a) considera você uma propriedade privada, um pertence, você está muito perto da escravidão emocional. Você se transformou em uma "coisa", e talvez nem tenha se dado conta disso. Passou de sujeito a objeto e, portanto, seus desejos e pensamentos não serão relevantes para quem diz amar você. Você não terá alguém que lhe escute nem que queria o seu bem. Confundir cuidado e proteção amorosa com invasão ou colonização é mortal. Daí derivam frases infames como: "Faça-me sua" ou "Faça-me seu".

Uma paciente me dizia, emocionada: "Ele é controlador comigo porque me ama demais, tem medo de me perder". E eu repliquei com uma frase de Krishnamurti: "Amar é a ausência de medo". Ela não entendeu. Sua posição era de que, se não havia medo de perder o outro, o sentimento era pouco ou insuficiente. Em outras palavras: "Você só me ama de verdade se eu for sua droga preferida". Um culto ao apego.

É preciso ter em conta que, muitas vezes, o que começa como uma maneira saudável e simpática de se deixar contemplar, mimar ou aconselhar pode acabar como a pior e mais desagradável maneira de reclusão. O ser humano, como dizia Konrad Lorenz, com o desenvolvimento da civilização industrializada, tornou-se muito mais acomodado e indolente que na pré-história. É muito fácil cair no vício de se "deixar levar". Escolhem sua roupa, decidem sua alimentação e, de quebra, sugerem que, para fazer determinadas coisas, você precisa pedir permissão. E, assim, vão roubando sua autonomia e seu direito de decidir e de discordar.

É fácil confundir dominação com amor pelo fato de que a sociedade inculca em nós, desde a infância, que "não existe amor sem ciúmes" e fomenta, de maneira implícita ou explícita, uma variação do estilo controlador/possessivo que às vezes coexiste com ele: o estilo desconfiado. Aqui, o núcleo é a paranoia e a convicção de que a infidelidade da pessoa amada acontecerá a qualquer momento. Sua maior angústia é não saber se a pessoa amada está fazendo algo pelas suas costas e, por isso, faz pesquisas, investigações e inspeções de todo tipo. Para esse tipo, é preciso estar sempre na defensiva, porque as pessoas são ruins e querem fazer mal a você – inclusive a pessoa que ele ama. Os ciúmes normais que todo mundo pode sentir de vez em quando se transformam em um delírio mais ou menos permanente: a *zelotipia*. E, então, a dominação se transforma praticamente em carceragem e agressão. Em uma relação afetiva com uma pessoa paranoide/desconfiada, o perigo que se corre é alto.

Você está com alguém que controla e vigia seus passos "por amor"? Talvez tenham feito você acreditar que não é capaz de se cuidar e que precisa de alguém que cumpra a função de coach. Se assim for, cedo ou tarde descobrirá, com espanto, que o amor da sua vida se transformou em um policial do pensamento. A convivência sob a ordem ansiosa imposta pela pessoa controladora/possessiva é definitivamente limitante. E eu acrescentaria degradante.

A palavra-chave do que eu disse até aqui é *liberdade*. Sua liberdade interior e sua autodeterminação pertencem só a você e sob nenhuma circunstância são negociáveis, nem mesmo por amor. Se não abrirem a gaiola para que você voe, derrube-a, destrua-a e jogue-se na vida intensamente e sem mais controle que o seu próprio.

Deixo esta poesia do grande poeta francês Jacques Prévert para você meditar sobre o tema:

Para você, meu amor
Fui ao mercado de pássaros
e comprei pássaros
Para você,
meu amor
Fui ao mercado de flores
e comprei flores

Para você,
meu amor
Fui ao ferro-velho
e comprei correntes
Pesadas correntes
Para você,
meu amor
Depois fui ao mercado de escravos
E lhe procurei
Mas não o encontrei,
meu amor.

Estilo afetivo indiferente/eremita

Quando você é invisível para a pessoa amada, como se não existisse para ela

Já se sentiu como um fantasma na relação? Alguém a quem ninguém controla, agride, exige (o que parece bom) nem expressa afeto nem demonstra preocupação com o bem-estar (o que não parece bom). A pessoa amada faz exatamente o que se opõe ao amor: ignora sua existência. O que se contrapõe à experiência amorosa não é o ódio, porque esse também atrai, mesmo que seja para destruir. É a indiferença: você não existe, sua dor não atinge o outro, sua angústia não o angustia, sua felicidade não o faz feliz, e assim sucessivamente.

Na vida, todos nós já conhecemos pessoas que são pouco empáticas e comprometidas, distantes, que têm dificuldade de expressar e receber afeto, trancadas em seu território, indolentes e indiferentes ao mal-estar alheio; enfim, verdadeiros eremitas afetivos. Insisto: elas não pretendem machucar você com agressões, simplesmente não se envolvem, só ignoram você.

Essas pessoas são quase sempre homens e mantêm um espaço de reserva pessoal a seu redor quase impenetrável. A consequência de tentar se aproximar afetivamente de um sujeito assim é altamente prejudicial para a sua saúde, pois cada tentativa de aproximação frustrada, cada rejeição, vai minando sua autoestima e, com o tempo, a depressão começa a se manifestar. Toda a sua energia e todos os seus recursos cognitivos e emocionais foram colocados a serviço de uma meta: que a pessoa amada acorde e veja você em sua dimensão real, que sinta sua humanidade e se conecte com ela ("Ei, aqui estou, eu existo, respiro, vivo!").

Uma mulher me contou: "Estou há cinco anos tentando convencê-lo a ser mais comunicativo e expressivo. Ele não quer fazer terapia nem receber ajuda. Há dias em que está bem, mas, na maioria, é como se eu fosse mais um móvel da casa. Ele não me vê nem sente a minha presença". Cinco anos! Não faltará quem elogie sua tolerância e a insistência em tentar ter mais intimidade com o homem a quem ama. Eu não elogio esse comportamento. E não só não aplaudo, como também o aponto como perigoso para a integridade psicológica e moral de quem insiste em se manter perto do seu algoz emocional. Cinco anos para receber afeto do seu companheiro, de uma pessoa que diz amar você? Isso não é integridade, é teimosia. É se esquecer de si mesma e não saber perder. Cara leitora, caro leitor, amor saudável não se exige nem se pede, acontece.

Pense: cada vez que a pessoa amada ignora sua existência ou não entende suas necessidades, você não se indigna? É normal? Você é uma pessoa carinhosa? Então, o que faz quando não há reciprocidade? Continua se doando e não recebe nem sequer algo parecido a um gesto de carinho. E você não acha que merece a ternura, a carícia, o abraço, o beijo que o outro lhe nega? Renunciou a tudo isso porque ama essa pessoa? É paradoxal, não é? Renunciar ao amor por amor. Uma coisa é compreender; outra, justificar. Uma coisa é tentar compreender o sujeito que está diante de nós, outra é abandonar nossos princípios. Quais princípios? O de sermos tratados com dignidade, escutados de verdade, de vermos que o outro se interessa por nós e outras coisas do tipo. Acaso você já negociou o inegociável?

Os indivíduos indiferentes podem funcionar no âmbito social: ir ao cinema, a um restaurante, a um concerto, transar... A dificuldade aparece na intimidade emocional. O outro se torna uma companhia, mas o sujeito não o deixa entrar em seu mundo interior. O pensamento fundamental que o orienta é: "Um compromisso emocional tiraria minha autonomia". E aqui está outro paradoxo: como a ideia do estilo indiferente é não se envolver, não se deixar absorver pelos sentimentos, quanto mais essas pessoas percebem que estão se apaixonando, mais querem se desapaixonar. Então, como se amar fosse uma fogueira fora de controle, elas não se aproximam demais para não se queimar e perder a liberdade.

Eu pergunto a você: que raios está fazendo aí, batalhando com esse emaranhado de pensamentos esquizoides que a pessoa amada lhe transmite? Você tem esperanças de tirá-la do isolamento e transformá-la em uma pessoa sentimental e adorada? Não vai conseguir, lamento. Não desperdice suas forças. Não devemos, especialmente no amor, convencer o outro do óbvio: "Por favor, preciso que você me ame como eu te amo!".

Abusar da permissividade ou da tolerância não levará a nada bom. Por que suportar o insuportável? Se alguém tem dúvidas de que ama você, então não ama. E se alguém não ama você ou o amor insuficiente, você merece coisa melhor. Talvez tenham lhe ensinado que um vínculo estável é para a vida toda. Eu concordo, desde que o vínculo seja funcional, não atente contra seus direitos e não seja um entrave para sua autorrealização e seus princípios. O amor inconcluso dos indiferentes é uma ofensa, um desaforo à sua condição humana e uma clara demonstração de que um afeto em desequilíbrio é insustentável.

Veja outro poema de Prévert que mostra a crueldade da indiferença:

Café da manhã

Pôs o café
Na xícara
Pôs o leite
Na xícara de café
Pôs açúcar
No café com leite
Com a colherzinha
O mexeu
Tomou o café com leite
Deixou a xícara
Sem falar comigo
Acendeu
Um cigarro
Fez círculos
Com a fumaça
Bateu a cinza
No cinzeiro
Sem falar comigo
Sem olhar para mim
Levantou-se
Colocou
O chapéu
Colocou
A capa de chuva
Porque chovia
E saiu

Sob a chuva
Sem uma palavra
Sem olhar para mim
E eu tomei
Meu rosto nas mãos

Estilo afetivo narcisista e duas de suas variações

Quando a pessoa amada acha que ela é o centro do universo e você, um satélite que gira ao redor dela

Você já sentiu que é definitivamente insuficiente para a pessoa amada? Que, faça o que fizer, sempre ocupará um lugar inferior e inacessível para o ego dela? Se assim for, você está sob os domínios ou sob o poder de um sujeito narcisista.

A expressão *narcisismo* provém de Narciso, um lindo jovem descrito na mitologia grega que, ao ver seu belo rosto refletido na água de uma fonte, ficou apaixonado pela própria imagem. Tanta foi a fascinação que Narciso não podia deixar de se olhar. Incapaz de resistir à sua própria beleza, por fim se jogou à água e morreu. Naquele lugar, nasceu uma linda flor que hoje é conhecida pelo nome de narciso. Homens e mulheres podem apresentar características narcisistas, mas as pesquisas deixam claro que é bem mais frequente em homens. O dicionário Houaiss define o termo como: "Que ou quem é muito voltado para si mesmo, especialmente para a própria imagem". Nós, psicólogos, diríamos que essas pessoas têm uma admiração excessiva por si mesmas, por sua aparência física e por seus dotes ou qualidades.

Como acontece com os estilos antes indicados, é muito difícil estabelecer um relacionamento amoroso com uma pessoa narcisista e manter a saúde mental. Se a teia de autoexaltação de um indivíduo desses capturar você, sair será como tentar se livrar de um feitiço, e, se você for uma pessoa dependente ou afetivamente frágil, pior ainda. As três fases que os narcisistas seguem em suas conquistas são: sedução (capturam suas vítimas por meio de seus atrativos); invalidação (menosprezam e controlam o outro a ponto de humilhá-lo); e afastamento (ruptura inesperada e sem nenhum tipo de comiseração).

Como amar de maneira saudável a quem não tem espaço interior para nos receber e nos deixar entrar em sua mente, porque ela está preenchida do seu próprio eu? Quando você se envolve com uma pessoa dessas, tem que enfrentar e se acomodar a um conjunto de características impossíveis de aceitar sem se machucar: grandiosidade, necessidade de admiração, incapacidade para empatizar com seus sentimentos, fantasias de sucesso, crença de ser superior aos outros, crença de que as regras são para outros porque são inferiores, inveja intensa de gente bem-sucedida, atitudes arrogantes etc. Se persistir, obstinadamente, em continuar ao lado dessa pessoa, pouco a pouco você começará a mudar sua essência e os valores que definem seu ser. A pessoa amada parecerá cada vez mais um vampiro emocional e você, "por amor", se entregará cegamente.

Toda vez que tentar se aproximar, abrir seu coração e fortalecer a intimidade, você encontrará, no mínimo, três obstáculos muito complicados de superar: o egoísmo ("não gosto de compartilhar, quero tudo para mim"), a egolatria ("amo tanto a mim mesmo que seu amor é prescindível e às vezes desnecessário") e egocentrismo ("sou o centro do universo: tudo gira a meu redor e você também"). Impossível penetrar um ego tão descomunal! A personalidade narcisista/arrogante não tem interesse em ser amada por você nem por ninguém; o que deseja é acumular fãs.

Em razão de tudo isso, é inevitável sentir rejeição. Com tristeza, você descobrirá que a única maneira de estar com essa pessoa é ficar sempre à sombra dela, reverenciando-a. Tudo que alimente seu ego será bem-vindo. Essa é a razão de o narcisista esperar que acrescentemos à relação beleza, inteligência ou qualquer outra qualidade que possa engrandecê-lo ainda mais. Em outras palavras: a estratégia preferida desses sujeitos é a exploração interpessoal e tirar proveito do companheiro afetivo de alguma maneira.

Contudo, apesar desse panorama tétrico, o narcisista tem um ponto fraco: o medo da crítica. Quando pede ajuda profissional, o motivo costuma ser a depressão por não se sentir admirado o suficiente. Se o prestígio, o poder ou a posição social começarem a estremecer, ele desmorona.

Insistir em permanecer com uma pessoa narcisista e tentar fazer com que ela mude ou tome consciência de que "ama você, só não percebeu ainda" é inútil, além de ingênuo, pois, faça o que fizer, você não chegará a seu núcleo emocional. A definição de *relacionamento tóxico* é a união entre um estilo narcisista/egocêntrico e um estilo dependente/fraco. A adulação e a atitude reverencial do segundo reforçam no primeiro a percepção de superioridade, mas o paradoxo é que, depois de um tempo, a submissão do parceiro ou da parceira irritará o estilo narcisista, e este lhe faltará ao respeito e abusará dele ou dela. Abuso psicológico ou físico sustentado em um pensamento cruel: "Eu mereço uma pessoa melhor, menos covarde". E o outro, por ser dócil e fácil de manipular, descobrirá com espanto que provocou justamente aquilo que queria evitar: a ruptura e o adeus definitivo. A obediência é sempre uma faca de dois gumes, especialmente se não discriminarmos quando e como nossa dignidade pessoal está em jogo.

Você quer alguém que ame você de verdade ou que faça o favor de estar com você? As mulheres que passam muito tempo aos pés de um narcisista/arrogante se apagam, secam como uma árvore que já não tem seiva. É extenuante passar a vida toda esperando um afeto honesto e equilibrado quando o outro anda nas nuvens. Um dia qualquer, e espero que seja logo, você se olhará no espelho e não se reconhecerá, descobrirá com tristeza que já não é a mesma pessoa. E então, se tudo der certo, algo despertará sua humanidade. Sussurrará em seu ouvido: "Que diabos está fazendo aí? Não está de saco cheio? Vamos embora daqui, para bem longe!". E, como eu disse antes, você entenderá profundamente que amor não se implora nem se pede, não se compra nem se vende, acontece; e, depois, vai sendo construído. O que está fazendo aí, atrás de alguém que se acha um deus do Olimpo? Salve-se, ame-se até explodir e comece a buscar outro caminho.

Se você se acoplar demais à sua metade da laranja ególatra, desaparecerá nela. Ela o(a) sugará como um buraco negro. Absorção afetiva existe; porém, quero lhe dar um pouco de esperança: *você poderá sair ao mundo, livre, reverter as lavagens cerebrais que sofreu se conseguir transformar essa motivação em seu impulso vital de crescimento.* Habita em você uma guerreira ou um guerreiro que não está disposta(o) a ceder. Estou me referindo a um valor inegociável que eleva sua humanidade; chama-se *amor-próprio*.

Vejamos dois subtipos que derivam do estilo narcisista/egocêntrico ou às vezes o acompanham: o *gaslighting* e o narcisismo *covert* ou encoberto. A ideia é que você se antecipe a eles e não comece ingenuamente a sonhar com milagres. O verdadeiro milagre é você assumir a responsabilidade por quem é sem esperar a aprovação de ninguém.

Gaslighting: a manipulação maligna

Esse termo provém da peça teatral *Gaslighting* (adaptada no Brasil por Jô Soares, com o nome de *Gaslight, uma relação tóxica*), de Patrick Hamilton, que relata a história de um homem que tentava convencer sua esposa de que ela estava louca para ficar com o dinheiro dela e evitar que seu passado obscuro fosse descoberto. Para isso, ele escondia certos objetos, mentia, dizia o tempo todo que ela estava demente e ameaçava levá-la a um psiquiatra. Também atenuava as luzes dos lampiões a gás (*gaslight*), fazendo-a acreditar que brilhavam com a mesma intensidade. A mulher começou realmente a acreditar que podia estar louca e que sua memória não funcionava direito. A peça fez tanto sucesso que em 1940 foi adaptada para o cinema na Inglaterra e mais tarde, em 1944, nos Estados Unidos. Em 1945, Ingrid Bergman ganhou o Oscar de melhor atriz por sua interpretação na versão estadunidense do filme, que em português recebeu o título *À meia-luz* (George Cukor).

O *gaslighting*, hoje, é aceito na psicologia como uma forma de abuso e manipulação psicológica pela qual se tenta fazer o outro acreditar que perdeu contato com a realidade e que aquilo que recorda e percebe é fruto de sua imaginação e não aconteceu. Ou seja, a estratégia pretende confundir a pessoa de maneira tal que ela comece a duvidar de que está em seu juízo perfeito.

Em geral, essa forma de abuso é praticada por sujeitos narcisistas que também apresentam características de psicopatia. Vejamos alguns exemplos. Suponhamos que você teve uma discussão ontem com seu marido e quer retomar o tema. Um homem que pratica *gaslighting* poderia responder: "Ontem? De que discussão está falando?". Se você ficar furiosa, erguer a voz e perguntar, indignada, se ele está zombando da sua cara, ele poderia responder, com aparente preocupação: "Está se sentindo bem? Acalme-se. Ultimamente você anda perdendo muito o controle". Cinismo, desfaçatez e, além de tudo, diante do seu nariz!

Ou, então, vocês combinaram de fazer determinada coisa juntos e ele não cumpre o compromisso quando chega a hora, e, no momento em que você recrimina, com razão, sua falta de palavra, é possível que ele diga: "Eu? Quando foi que combinamos isso? Não me lembro". Ele nega o que aconteceu, e com tanta segurança que você não sabe mais o que pensar.

Em outro caso, quando você o cobra por uma infidelidade que tenha acontecido em certa ocasião, ele nega que isso tenha ocorrido, mesmo que tenha admitido anteriormente. Pode dizer: "Era só uma amiga, já expliquei isso mil vezes". E, se você entrar no jogo de usar a lógica e a razão, ele dirá que isso nunca aconteceu. Se você se deixar levar pela raiva, ele dirá que o está agredindo com a intenção de desviar da questão central. Não estranhe se ele também comentar com outras pessoas, em sua ausência, que ultimamente você anda muito agressiva.

Uma dica para você ter em mente: o narcisista praticante de *gaslighting* sempre nega a premissa básica de qualquer coisa. Não assume as evidências. Constrói uma verdade paralela, uma espécie de pós-verdade afetiva, que fará você hesitar sempre.

Vocês transaram há poucos dias e gostaram muito, e você comenta a respeito, mas ele dirá que isso foi há um mês ou que naquele dia você disse que não havia se sentido bem. Uma mulher comentou comigo sobre o marido: "Estávamos em uma festa e ele começou a incomodar um vizinho dizendo absurdos de todo tipo. A coisa foi escalando, e o homem mandou que o deixasse em paz. Meu marido o empurrou e o outro caiu no chão. Então, o vizinho se levantou e deu um soco em meu marido, que respondeu com um chute. Finalmente, as pessoas os separaram. Meu marido, com a mão no olho, começou a gritar que não sabia por que diabos o outro o havia atacado. Tudo isso aconteceu na minha frente. Uns dias depois, tentei falar sobre isso com meu marido e, mesmo sabendo que eu havia estado presente, ele me contou uma história totalmente diferente. Quando eu disse que ele estava distorcendo os fatos, respondeu que eu vivia inventando coisas, que não estava bem da cabeça e devia procurar um psicólogo. Por isso estou aqui".

A situação pode ser mais sutil ou mais evidente; o importante é que, se a manipulação persistir, pode se transformar em uma verdadeira lavagem cerebral. Ouvir o tempo todo "Você não está bem da cabeça" acaba provocando dúvidas na pessoa.

As vítimas dessa manipulação também começam a se sentir culpadas por algo de errado que supostamente fizeram ou fazem. Uma jovem me contou com muita angústia: "Não suporto ser ignorada por meu namorado quando discutimos. Eu sei que ele quer me castigar com isso, mas, para mim, é terrível. Por isso, eu peço desculpas, mesmo não tendo culpa, para que ele volte a ser gentil comigo". Essa tática de manipulação utilizada pelo namorado da jovem e por muitos narcisistas é conhecida como *silêncio punitivo*.

Algumas mulheres que se relacionam afetivamente com homens que praticam o *gaslighting* comentam comigo que, poucos meses depois de se casarem, começaram a sentir certa fragmentação e desorientação em sua maneira de ser. Surgiram medos novos e a dependência aumentou. A mensagem que ia sendo inculcada nelas era assim: "Sozinha você não é capaz de enfrentar a vida. É mais fraca do que você pensava. Eu serei seu guia".

Recapitulemos. O pacote do manipulador maligno narcisista é composto de várias manobras cognitivas e chantagens emocionais. Comentarei apenas algumas frases típicas do *gaslighting* que levam à submissão do outro:

- "O que está dizendo? Isso nunca aconteceu. Você está imaginando coisas".

- "Meu Deus! Você está cada dia mais sensível! Deixa-se afetar por qualquer coisa!".

- "Você precisa marcar consulta com um neurologista ou psiquiatra. Está com algum problema de memória".

- "Você não está bem da cabeça, e não sou a única pessoa que acha isso. Tem consciência disso?".

- "Desculpe por ter machucado você. Desculpe, não vai acontecer de novo" (mas continua acontecendo).

- "Você me conhece, meu amor, deveria saber como eu ia reagir. É você quem põe o dedo na ferida".

- "Acho que é melhor você se isolar uns dias e não interagir com as pessoas. Isso faz mal para você".

Às vezes, a manipulação é feita de tal maneira que se torna quase impossível perceber, em virtude da confusão que provoca. Poderíamos chamar isso de "crime emocional perfeito". Uma paciente me contou a seguinte história: o marido havia sugerido um vestido para irem a um coquetel, mas com muita insistência. Ao chegar ao lugar, ela percebeu que era a pessoa mais malvestida para a ocasião. Tudo era superelegante. No dia seguinte, enquanto estavam tomando o café da manhã, o marido lhe disse que ela o havia envergonhado em público e diante das pessoas da empresa onde ele trabalhava. Ficou dizendo que ela não tinha bom gosto nem classe para se vestir e se comportar com pessoas daquele nível. A mulher, surpresa com o comentário, tentou fazê-lo ser razoável, recordando-lhe que fora ele quem lhe sugerira e insistira que ela fosse vestida daquele jeito. E o homem respondeu: "É disso que não gosto em você. Você se deixa convencer muito facilmente. Não tem personalidade para me dizer não. Se eu estou errado, você deveria me fazer enxergar isso. Se minha esposa não me apoia, quem vai apoiar?". Muito difícil lidar com isso, não é? Talvez você afirme que, no lugar dela, simplesmente o mandaria à merda, mas não esqueça que ela está no olho do furacão e há toda uma história de fatos similares na relação que a condicionam.

Analise: no fim, ela é a culpada por querer agradar seu marido e pôr aquele vestido. E como não era adequado para o coquetel, pega mal para ele, e ela é a responsável.

Ou seja, a jogada foi revitimizar a vítima e transformá-la de inocente em culpada. Tudo que essa mulher disser será usado contra ela. A confusão que vive uma pessoa em uma situação assim, com alguém que é perverso no dia a dia, desequilibra qualquer um, ainda mais quando há amor por parte da pessoa abusada. Como pensar que a pessoa amada é ruim e faz de propósito? O que minha paciente fez? O de sempre: pediu desculpas. E continua pedindo.

Um transtorno somado à insegurança, à baixa autoestima, à ansiedade e ao estresse de quem caiu na armadilha do *gaslighting* resulta na alteração da própria identidade: "Perdi a mim mesmo [ou mesma] e não me encontro". Existe algo pior que não se reconhecer ou não saber que rumo está tomando?

O *gaslighting* sempre quer destruir o outro para obter algum benefício emocional, financeiro ou, simplesmente, poder pelo poder. Não deixe que entre em sua mente. Conecte-se com sua memória de maneira racional; você sabe melhor que ninguém quais são seus sentimentos e pensamentos. Deixe sempre um pé na realidade. Sem seu consentimento, ninguém pode arrastar você para a despersonalização.

Se um narcisista desses quiser atacar sua racionalidade e exercer sobre você um domínio escravizante e indigno, o que fazer? Deixe de lado o amor doentio que sente por seu algoz (questione-o, negue o que diz, brigue contra esse sentimento ou lute), retome sua autonomia com toda a convicção que tiver disponível, não renuncie à sua identidade de jeito nenhum, seja responsável por você mesmo(a) e, se possível, denuncie esse canalha. Para a tática de manipulação do *gaslighting*, a melhor resposta é: "Não acredito em você! Você não faz bem à minha vida, é inútil, é um obstáculo ao meu crescimento. Guarde suas críticas para você, porque não vou lhe dar ouvidos. Se estou maluca, problema meu. Vou embora desta prisão que você construiu ao meu redor. E dane-se se você vai ficar bem ou não. Para mim, você será só uma lembrança ruim que desaparecerá com o passar do tempo". Se for capaz de dizer isso, conseguirá se livrar do *gaslighting* para sempre.

O narcisista encoberto

Um narcisista encoberto ou *covert* é um narcisista "escondido". Não se expressa sobre sua grandiosidade como os "abertos", nem sobre sua necessidade de ser admirado, nem dá por certo que é um ser especial. Tudo isso acontece dentro dele e se mostra aos outros de uma maneira totalmente oposta: gentil, solidária, tolerante etc. Mas dentro de sua mente há uma contradição insolúvel, porque, com suas fantasias de sucesso e egolatria, há um lado hipersensível e frágil.

As características do narcisista *covert* são o silêncio punitivo, a tentativa de evitar a crítica a todo custo, a inveja elevada à enésima potência, a humildade e a empatia falsas, enorme desconfiança (vigilância exacerbada) e imaturidade emocional. Mas insisto: sempre buscando disfarçar tudo isso.

Os parceiros afetivos dessas personagens não costumam desconfiar do que se esconde por trás da maneira de ser delas. Repito: essas pessoas não mostrarão os gestos e as expressões do narcisista comum, inclusive podendo dizer coisas como "não mereço" quando recebem um prêmio ou um elogio, ou "preciso encontrar a mim mesmo" quando se afastam de você. Como um camaleão, elas se adaptam às normas e aos códigos sociais e, aparentemente, aceitam "respeitar os outros" e "ser solidárias", embora não estejam nem aí para ninguém. É tudo uma armadilha para tirar proveito de quem as cerca ou do companheiro ou companheira da vez. Um dado para você ter em mente: à primeira vista, elas podem parecer encantadoras, decentes e vulneráveis e, com isso, ativar seu instinto materno.

Os livros especializados apontam cinco características, mas nem sempre é fácil para uma pessoa comum detectá-las: 1) o sujeito observa mais do que age, 2) não entende as necessidades dos outros, 3) sofre de ensimesmamento (egocentrismo retraído), 4) dá respostas imaturas e 5) apresenta uma falsa humildade.

Mas não se preocupe, se estiver com alguém assim, você descobrirá na intimidade, porque esse tipo se cansa de usar máscaras e em mais de uma oportunidade mostrará seu verdadeiro eu. Quanto mais perto você estiver de uma pessoa narcisista *covert*, maior a chance de notar comportamentos "suspeitos". É um lobo em pele de cordeiro. Porém, em algum momento o lobo soltará um uivo ou mostrará uma pata ou os dentes. *Atente-se às contradições da pessoa.* Por exemplo, quando você fizer algo de que ela não goste, ela vai criticar e menosprezar você, mas, ao mesmo tempo, lhe dará um beijo.

Se vir, por exemplo, que de repente a "grande solidariedade" do seu companheiro ou sua companheira se transforma em egoísmo; se essa pessoa tiver "ataques" de egocentrismo e só falar de si mesma; se for muito boa para receber afeto, mas não para dar; se tender, às vezes, a menosprezar os outros por serem "menos"; se lhe pedir ajuda e se mostrar desamparada e, poucos minutos depois, se mostrar satisfeita, como se nada houvesse acontecido; se lhe disser que aceita de boa vontade alguma atividade e, depois, comentar que nunca gostou de fazer essa coisa... enfim, a lista é longa e a dica é a observação, para ver quando ela tirar a pele de cordeiro. Às vezes, um profissional com experiência pode ajudar você a tomar decisões e confirmar com que tipo de pessoa está.

Você perceberá, porque pensará que o outro age como se tivesse duas personalidades. Uns anos atrás, em alguns países latino-americanos, as velhinhas descreviam seus maridos com um ditado que mostra muito bem o estilo encoberto: *Sol de la calle, oscuridad de la casa*, que em uma tradução livre seria: "Sol na rua, escuridão em casa". Essas inconsistências na maneira de ser também aparecerão no modo como você é tratado: seu companheiro ou companheira deixará escapar comentários que insinuarão que você tem muita sorte por estar com ele ou ela, ao mesmo tempo que dirá que você é uma pessoa incrível; mas a sensação que ficará será de que a mensagem é: "Você me tem e merece porque é incrível". Sempre haverá o tripé narcisista: egoísmo, egocentrismo e egolatria latente e vigente. Basta prestar atenção até que essas características apareçam, porque ninguém aguenta muito tempo representando um papel. Do meu ponto de vista, o narcisismo encoberto é uma mutação do narcisismo natural ou "normal" que conhecemos, uma tentativa de adaptação a uma sociedade que o rejeita.

Há mais um dado que você deve considerar: a confiança. Se está com um predador encoberto, não é recomendável que tenha plena confiança nele. Confie mais em seus instintos que nas palavras dele. Insisto: sua mente notará coisas que não farão sentido, o comportamento dele não será tão congruente com o que diz.

O que fazer? Lembre-se do título desta parte: "Pessoas pelas quais seria melhor você não se apaixonar". Se já ama uma pessoa assim, minha proposta é cair fora, sofrer o que tiver que sofrer e elaborar o luto.

Quando o narcisista entender sua decisão de deixá-lo, ele tentará subjugar você emocionalmente e fazer com que você se resigne à condição de escravo ou escrava feliz. Tentará fazer com que você esqueça que gira ao redor dele e se convença de que é importante e livre, mesmo não sendo. Muitos comportamentos dele serão passivo-agressivos, estilo que descreverei no próximo tópico.

Guarde esta premissa: *o narcisista encoberto se aproxima das pessoas mediante a estratégia da enganação. Parece encantador com os outros, mas, na realidade, busca seu próprio benefício em cada relação. É controlador, desconfiado e pouco empático. E, cuidado, em todo narcisista encoberto há um toque de psicopatia.*

Em alguns casos, não é fácil separar um narcisista que pratica *gaslighting* de um "normal" ou de um encoberto. Inclusive, tais estilos às vezes aparecem misturados. O importante é que, independentemente da maneira como se apresentam, nunca vale a pena. Eles não fazem bem para sua vida, e isso basta.

Estilo afetivo passivo-agressivo ou "subversivo"

A desconcertante sensação de que a pessoa amada ama e rejeita você ao mesmo tempo

Se alguém já teve o azar de se relacionar com um passivo-agressivo, sabe como a convivência diária é angustiante. Essas pessoas tiram do sério até o ser humano mais sensato e comedido. Colocam à prova a maior das paciências. Para ter uma ideia, é mais ou menos como viver com uma versão ruim de Gandhi, que, embora tenha conseguido tirar os ingleses da Índia com seu estilo, não serve para estabelecer uma relação afetiva plena e saudável. Você não conseguiria lidar com as táticas de uma pessoa assim e com a maneira como expressa uma insatisfação.

O passivo-agressivo é uma pessoa que, por diversas razões, criou um conflito profundo com a autoridade e não foi capaz de resolvê-lo. Quando falo de autoridade, não me refiro necessariamente ao comportamento dogmático e impositivo que exerce o poder de maneira abusiva (autocraticamente), e sim aos modelos de proteção que se transformam em referências, por exemplo, a pessoa que sabe muito, a eficiente, a cuidadora, a que ama acima de tudo etc. Ou seja, gera-se conflito diante de qualquer pessoa que se transforme em um "sinal de segurança" ou represente esse papel. O dilema é este: "Preciso dos benefícios que as pessoas com autoridade outorgam, mas quero manter minha autonomia". O famoso e tétrico "Nem com você nem sem você", que tem origem no que escreveu Antonio Machado: "Nem contigo nem sem ti têm minhas penas remédio; contigo porque me matas e sem ti porque eu morro".

Assim como a criança presa entre a figura de apego e o sentimento ineludível de liberdade (*detachment*), o passivo-agressivo se debate entre os limites de um velho dilema infantil ainda não resolvido. Quando acata a "ordem" ou a indicação da pessoa que exerce o poder, é de má vontade, de maneira ineficiente, com lentidão e muitos erros. Como se dissesse: "Já que não posso escapar, eu me rebelo contra o status de maneira passiva, faço tudo malfeito". Costuma ser comum que faça as coisas em "operação tartaruga". Se tem que varrer e não quer, varre mal e com displicência; se tem que pagar a conta de luz e acha que isso implica se submeter, paga com atraso e, se cortarem o fornecimento, melhor. Dirá: "Esqueci". O paradoxal dessa maneira de se rebelar é que, se lhe for tirada a orientação ou guia que a autoridade da vez lhe outorga, a pessoa se sentirá rejeitada. Nada está bom para ela.

Ao contrário do dependente, que se curva diante do seu protetor, ou do indiferente, que se afasta totalmente das manifestações de afeto, o passivo-agressivo opta por ficar bem com Deus e com o diabo. Não quer renunciar a nenhuma das duas vantagens: as da autoridade e as da liberdade. Assim, regras, normas, sugestões e conselhos da pessoa amada são vistos pelo passivo-agressivo como restrições intoleráveis; porém, se a cara-metade lhe propuser uma relação independente, ele a verá como abandono.

Pense bem: você está metido em um enrosco como esse? Se assim for, o que está esperando? Corra! A única solução para fugir da influência de um sujeito com esse estilo é você cuidar do seu próprio ser, e não do que adotou. Mas, se ficar e insistir em "curá-lo", corre o risco de cair em uma relação de codependência. E isso começará a provocar em você irritabilidade e fadiga crônica.

Lembre-se: o estilo passivo-agressivo agrada superficialmente, mas não substancialmente. Colabora em câmera lenta, posterga e esquece de propósito, como um ato de protesto e para castigar o outro, já que este não é capaz de satisfazê-lo.

Uma de minhas pacientes me dizia: "Quando lhe peço que compre açúcar mascavo, ele compra branco... Se lhe peço um favor, ele impõe as condições de onde, quando e como, sem se importar com as minhas necessidades reais. Ele me pede conselho sobre qual roupa vestir, para então fazer o contrário. Qualquer coisa que eu peça é um problema. Diz que me ama, mas tem raiva de depender de mim". A única maneira que o passivo-agressivo conhece de se relacionar com as pessoas, inclusive com a pessoa amada, é subvertendo o sistema e sabotando às escondidas a ordem interpessoal estabelecida.

PARTE IV
O QUE FAZEM OS CASAIS QUE DÃO CERTO?

Vamos começar com esta poesia do italiano Eugenio Montale, vencedor do Nobel de Literatura, que, com simplicidade, é capaz de tocar a alma. Podemos compreendê-la sem precisar pensar demais, porque, talvez, dadas certas condições, pensaríamos ou faríamos o mesmo que Montale: "Perder-te me faz mergulhar em uma saudade interminável acompanhada de uma dor que nunca me deixará, nem quero que me deixe".

*De teu braço desci ao menos
um milhão de escadas
e agora que não estás, cada degrau é um vazio.
Também assim breve foi nossa longa viagem.
A minha ainda continua, mas já não preciso
dos traslados, dos lugares reservados,
das armadilhas, dos opróbios de quem crê
que o que vemos é a realidade.
Desci milhões de escadas dando-te o braço,
e não porque quatro olhos podem ver mais que dois.
Contigo as desci porque sabia que, de ambos,
as únicas pupilas verdadeiras,
apesar de muito embaçadas, eram as tuas.*

Leu com atenção? Se não, leia de novo. O que provoca em você? Um sofrimento empático? Como não se colocar no lugar do poeta? Como não reivindicar as "pupilas verdadeiras"? E não é dependência nem apego, é a consequência afetiva de andar juntos, não fundidos, de tocar uma maravilhosa partitura a quatro mãos. Quando amamos de maneira saudável, compartilhamos nossa música interior e nossos sonhos com o outro. Estamos em compasso com um corpo, uma respiração, um aroma. Quando isso ocorre, dançamos juntos. Envelhecer com alguém que faz bem à nossa vida é maravilhoso; chegar às bodas de brilhante (75 anos!) só por aguentar firme é uma tortura e um menosprezo ao amor-próprio.

Todo mundo conhece pessoas cujo relacionamento amoroso funciona superbem, mesmo que não sejam a maioria. Essas pessoas conseguem integrar eros, amizade e ágape (afeto, amor). Algo como melhores amigos que transam e se tratam com ternura (entenda-se adesão, carinho, simpatia e amor). Neste tópico, veremos quais são os fatores que determinam estar bem com a pessoa a quem amamos – segundo pesquisas, evidências empíricas científicas disponíveis e correntes psicológicas e filosóficas bem sustentadas. O amor é um animal de, no mínimo, dez patas. Mas com uma peculiaridade: mesmo tendo muitos pontos de apoio, se apenas um deles não funcionar, não poderá se mexer ou ficará caindo.

Vejamos com detalhes, então, cada um desses fatores que potencializam um bom relacionamento amoroso: territorialidade, reciprocidade, desejo ou atração, admiração, confiança básica, humor, visão de mundo, desacordos amistosos, sensibilidade e entrega, e respeito.

Territorialidade

Os casais funcionais e adaptativos respeitam a territorialidade de cada um, funcionam pelo princípio "juntos, mas não misturados"

Não importa o que digam os fanáticos da fusão afetiva ou os que idolatram as almas gêmeas, cada ser humano tem um espaço pessoal físico e psicológico e, se alguém o invadir, acabará se sentindo incomodado ou ameaçado. Alguns estudos mostram que o espaço físico é de uns cinquenta centímetros, em média, pouco mais ou pouco menos, segundo cada cultura. Por sua vez, o espaço mental é medido pela quantidade de informação que cada um se permite entregar ou receber, ou seja, até que ponto cada pessoa deixa que os outros entrem em seu mundo psicológico ou em sua intimidade.

Supõe-se que, entre casais, esse espaço pessoal é mínimo e, inclusive, não falta quem diga que a distância entre uma mente e outra deve ser zero. O que se defende e se promove é a existência de indivíduos que se sobrepõem por amor: ser um onde há dois. Porém, a experiência clínica e os dados mostram que, nesse tema, os extremos não funcionam: um vínculo emocional totalmente separado seria impossível, mas uma relação cujos membros estivessem completamente sobrepostos seria asfixiante. O ponto médio parece o ideal: "Seus livros, meus livros e nossos livros"; "Seus amigos, meus amigos e nossos amigos" etc.

Algumas coisas foram feitas para serem compartilhadas e outras só estão concebidas para serem desfrutadas individualmente. Já sentiu falta dessa liberdade que você só tem quando a pessoa amada não está? Amar não significa ausência total de territorialidade, nem quer dizer invasão opressiva. Amar não é colonizar o outro ou, como no caso do estilo controlador, virar uma polícia do pensamento. É deixar ser.

Há gente que, "por amor", deixa que sua metade da laranja se apodere sem consideração de sua privacidade. A pessoa invasora costuma dizer: "Se você me ama de verdade, não deve haver segredos entre nós". É sério? E se houver coisas que você não quer contar por princípios ou porque não está a fim? Deve permitir tal intromissão por "amor"? Se fosse assim, amar seria ir contra a individualidade. Aliás, aqueles que exigem entrar na mente da pessoa amada sem nenhum tipo de obstáculo deveriam pensar bem antes de tentar uma incursão dessas. Na verdade, não recomendo penetrar feito louco na mente da pessoa amada, pois você poderia encontrar coisas de que não gostaria, ou que o fariam ficar enjoado. Todo mundo guarda alguma experiência da qual se envergonha, uma ou outra perversão inocente ou não, algumas teias de aranha frutos da desordem ou do descuido, segredos que poderiam escandalizar as pessoas que nos cercam, ou desejos inconfessáveis e disruptivos. Você está disposto a entrar nesse mundo alheio, que, além de tudo, não lhe pertence, e correr o risco de se decepcionar profundamente? Muitas terapias grupais de casal utilizam, entre suas técnicas, uma conhecida como *confissão de coração aberto* (ficar cara a cara com sua metade da laranja e soltar todas as informações sem recato nem filtro), e, uma vez aberta essa comporta, poucos são os que ficam como se nada tivesse acontecido.

Os bons relacionamentos românticos respeitam a territorialidade do outro e a própria. Isso significa respeitar a singularidade de cada um: "Chego até onde você me permitir e não me ofendo, porque é seu direito".

Acreditar que o amor justifica a absorção do outro é, além de ingênuo, perigoso. Sem dúvida, você se escravizará se aceitar isso. Acabará dizendo: "Faça de mim o que quiser". Você se sentirá como posse do outro, viverá para o outro e esquecerá de si mesmo.

Não negocie seus espaços, defenda-os até a morte. Você não tem obrigação de mostrar ao outro o que pertence a você por direito próprio. Nas profundezas do seu ser há um lugar que só pertence a você. Sem seu consentimento, ninguém pode saber do que você não quiser, e isso não é desamor, é autorrespeito. Você tem a última palavra quando se trata de você mesmo. Repito: "O meu, o seu e o nosso".

Sua relação é simbiótica? Se for, desapegue caso pretenda sobreviver como uma pessoa livre. É preciso que existam distâncias que lhe permitam se mexer à vontade, tempos pessoais intransferíveis que possa usar como quiser. Não peça permissão para viver segundo seu ritmo. Ser uno com a pessoa amada é deixar de ser você mesmo.

Nos bons casais há sempre um corredor que liga a essência de um à do outro, e o contrário. Trata-se de uma via de mão dupla. Por ela, transitam os sonhos que determinam seu ser e o da pessoa amada. A premissa é a seguinte: "Amar é deixar que você entre em meus sonhos e que eu entre nos seus, não precisamos de mais nada. Amar é sonhar junto".

Reciprocidade

Os vínculos afetivos funcionais e adaptativos são recíprocos e equilibrados no processo de dar e receber afeto, sexo, ternura ou reforços de qualquer tipo

Fomos educados com a ideia de que o amor verdadeiro não espera nada em troca. Resume-se a dar e ponto. Isso pode ser válido para um amor universal, esse que não tem remetente nem endereço, mas para quem não é mestre espiritual nem santo, como nós, quando amamos uma pessoa específica, com quem trocamos diariamente grande parte de nossa existência, é natural esperar um equilíbrio afetivo, emocional e comportamental para que nos sintamos bem. Não me refiro a fazer milimetricamente a contabilidade certinha, mas a um equilíbrio justo (justiça distributiva) naquilo que é fundamental. Obviamente, se a pessoa amada estiver doente ou passando por algum problema difícil e você realmente a amar, não estará nem aí para a reciprocidade. Guardará seu eu no bolso e a ajudará da melhor maneira possível. E, se a vir sofrer, vai querer ficar no lugar dela, mesmo que tenha que sentir sua dor. Mas, em condições normais, quando damos afeto, esperamos afeto; quando desejamos a pessoa amada, não nos resignamos à sua frieza; se você se preocupa com o outro, vai querer que ele se preocupe com você; se for fiel, demandará fidelidade; se a pessoa amada lhe disser que não tem dinheiro, mas compra roupas o tempo todo, você vai querer explicações; se respeita os direitos dela, espera que ela respeite os seus, e assim com todo o resto.

O desequilíbrio amoroso gera tristeza, ansiedade, ressentimento e, com o tempo, desamor. Não se trata de uma troca comercial, como quiseram mostrar alguns, mas sim de uma forma básica de "democracia emocional". Relacionamentos horizontais, não verticais, sem exploração e sem vantagens para um único lado. Você conseguiria viver satisfatoriamente com a pessoa amada se ela propusesse, tácita ou abertamente, uma relação de dominância ou submissão, na qual ela exercesse poder sem limites? Aceitaria um vínculo em que tudo se inclinasse a favor da pessoa supostamente amada, como acontece com gente que tem características narcisistas, esquizoides, obsessivas, controladoras ou psicopatas, entre outras? Não, certo? Sem retribuição, o amor se desfigura. Em uma relação saudável não há reis nem rainhas.

O que você também precisa se perguntar é se suas expectativas são realistas ou estão contaminadas por cognições irracionais ou emoções desadaptativas. Às vezes, pedimos coisas impossíveis movidos por motivações exageradas ou fora de lugar. Por exemplo, alguém com dependência emocional poderia exigir uma infinidade de coisas à pessoa amada para sentir a segurança de que nunca será abandonado. Inclusive, é possível que use uma espécie de "lupa cognitiva" (por exemplo, a atenção focada) para analisar e "escanear", exaustivamente, todo tipo de comportamento, atitude, gesto, olhar e palavras de sua cara-metade, tentando encontrar algum sinal de instabilidade na relação.

Tenha isto em mente: se o que leva você a estabelecer uma relação equilibrada é o medo de perder o outro, o resultado sempre será negativo. Um amor saudável é sensato, baseia-se em fatos objetivos, sem vícios nem medos injustificados. Obsessões e delírio de posse não têm cabimento e alteram qualquer tentativa de harmonia baseada na reciprocidade.

A experiência afetiva nunca está paralisada. Ela se movimenta, muda, retrocede, avança e, às vezes, escapa das suas mãos ou das intenções de controle que você possa ter. Contudo, o bom amor é sempre horizontal, dentro e fora da cama, e jamais aceitará nenhum tipo de verticalidade. Uma relação construtiva e funcional é simétrica e participativa, mesmo quando o egoísmo tenta nos levar a pegar o melhor pedaço. Aquilo que é unidirecional, que exclui, sempre carrega implicitamente o fato de que um se aproveita do outro.

Desejo ou atração

Nos vínculos afetivos funcionais e adaptativos, os membros do casal se sentem atraídos um pelo outro e se desejam. Para eles, a vontade erótico-sexual é inseparável do amor

Quando falo de atração no contexto amoroso não me refiro somente à aparência física, mas também ao erotismo que vai além do bumbum, dos seios ou de poderosos bíceps. Ninguém se apaixona por uma fíbula, uma patela ou uma tíbia. O erotismo que envolve o amor gosta do sensual, da fantasia, dos jogos, do flerte, do sorriso que nos atravessa, do olhar sutil e, especialmente, da personalidade do outro. Erotizamos o virtuosismo, o saber e a arte, entre muitas outras coisas. Segundo o dicionário Houaiss, a palavra *erótico* significa: "Que provoca amor ou desejo sexual".

As maneiras de ser, de andar, de rir, de ficar em silêncio, entre muitas outras coisas, podem ser excitantes. A potencialidade erótica da pessoa amada tem uma infinidade de portas entreabertas que surpreenderão você caso se atreva a atravessá-las. E certamente você também as tem.

O desejo biológico, aquele regido por ciclos, ativa-se de quando em quando, mas os relacionamentos que mantêm o desejo à flor da pele quase o tempo todo não esperam o estímulo fisiológico; inventam o apetite e o recriam. Os dois amantes fazem isso juntos, começando pela linguagem e continuando com o tato, sabem o que querem provocar e se divertem com isso. Para você gravar em seu cérebro: não há eros completo sem humor e diversão: vestir fantasias, dizer coisas especiais, imitar alguém, ver filmes, beber alguma coisa... enfim, deixar que a imaginação voe e montar nela.

Uma mulher, bastante reprimida, comentou comigo que, quando fazia sexo com o marido, segurava na mão direita, escondida, um rosário, que guardava embaixo do colchão. E, enquanto rezava, entregava seu "sacrifício" de transar com o marido às crianças pobres não me lembro de onde. Em outra consulta, quando perguntei ao marido como eram suas relações sexuais com a esposa, ele respondeu que não podiam ser melhores, que ela era insaciável e tal. Ele não percebia? Estava tão ensimesmado em seu ego que não se permitia ver o óbvio? A mulher nunca fingiu um orgasmo e jamais teve um. Algumas pessoas se masturbam quando fazem amor, como se o parceiro fosse um vibrador humano; nunca estabelecem contato com a humanidade do outro, nem mesmo na cama. Talvez o orgulho narcisista daquele homem bloqueasse a informação que a esposa lhe passava de diversos modos: "Não tenho interesse em sexo, não gosto". Ele concluía o ato com uma ejaculação e ela com uma oração.

Sua sobremesa favorita

Quer saber como você deve ver a pessoa amada, sexualmente, para que o erotismo não acabe? Como sua sobremesa favorita. Suponhamos que essa sobremesa seja tiramisu, porque você adora aquele creme misturado com café. Um dia qualquer, você perde o controle e resolve comer três pedaços gigantes. O mais provável, se não passar mal, é que fique enjoado e, no dia seguinte e no outro, se alguém lhe oferecer tiramisu, diga que não com cara de desagrado. Mas aqui vem o mais importante: no terceiro ou quarto dia, se lhe puserem um pedaço de tiramisu na frente, você o comerá com a mesma avidez de sempre. Vai se deliciar saboreando-o novamente e é muito provável que continue gostando dessa sobremesa enquanto viver.

Comunicar-se acima de tudo

Segundo minha experiência clínica e a de muitos colegas, a melhor maneira de manter o desejo vivo é falar disso. Comunicação aberta e sem vergonha. Esse seria um teste interessante para saber se vocês são compatíveis, sexualmente falando, um com o outro.

    Certa vez, um casal foi a meu consultório devido à frieza que sentiam na área sexual. Segundo a mulher, ele era "insosso", e, segundo o marido, ela era um "iceberg". Quando conversei a sós com ela e lhe perguntei se tinha alguma fantasia erótica que gostaria de realizar com o marido, ela me disse que era perda de tempo, que seu marido nunca se prestaria a essas coisas, e me falou do mundo do *swing*, disse que gostaria de sair sem calcinha, de fazer sexo a três, de transar na praia, ambos nus, e serem vistos; enfim, de iceberg ela não tinha nada. Quando falei com ele, depois, o homem disse que gostaria de fazer *swing*, que se excitava de pensar em ser visto transando, que sempre sonhara em fazer sexo a três e que adoraria que ela saísse sem calcinha, tudo isso sem que eu abrisse a boca.

    Em outra sessão, com os dois juntos, eu fui citando as fantasias enquanto eles precisavam anotar em uma folha de papel se concordavam ou não, sem que o outro pudesse ver as respostas. Quando terminamos, pedi que trocassem os papéis. Ambos haviam concordado com um enorme SIM em tudo. Queria ter filmado a cara de surpresa e de felicidade que os dois fizeram ao mesmo tempo. Voltaram depois de um ano por uma questão com um filho, e, quando lhes perguntei como ia a vida erótica, disseram que já estavam pós-graduados. E recordaram que, naquela consulta em que compartilharam suas fantasias sexuais, foi como se houvessem se visto pela primeira vez.

O que faltava a eles? Comunicação. Talvez você pense que, se contar ao outro suas "loucuras", ele o avaliará negativamente; porém, na maioria dos casos, não acontece nada de ruim. É questão de se adaptar e fazer concessões. Concordância total, como o caso que relatei, é pouco comum; porém, às vezes acontece.

Mas você também precisa se preparar para o caso de seu companheiro ou sua companheira se escandalizar, achar que você é um pervertido ou uma mulher fácil, ou simplesmente ter um ataque de ciúmes. Se ocorrer alguma dessas situações, vocês não passaram no teste de compatibilidade sexual; mesmo que doa, não é melhor saber? Sinceridade acima de tudo. Sempre existe a possibilidade de consultar um bom terapeuta de casais que também seja sexólogo.

Lembro-me de um homem que havia me procurado porque a esposa lhe havia dito que não se sentia sexualmente satisfeita com ele. Disse logo de cara: "Vim porque minha mulher, de tanto ver televisão e entrar nas redes sociais, acha que ser casado é passar o tempo todo na cama. Eu não concordo. Sou mais moderado que ela e acho que há coisas mais importantes que ficar transando desenfreadamente como se fôssemos dois animais". Mais adiante, quando lhe perguntei se já havia tido fantasias sexuais, ele respondeu: "Está vendo? Analise sua pergunta. Se eu tivesse 'fantasias sexuais', como você chama, minha mulher não me bastaria". Eu disse que ele poderia fazer algum tipo de jogo sexual com a esposa, se ela concordasse. "Definitivamente, você acha que eu sou um animal!", afirmou ele, com raiva. Então, eu disse o seguinte: "Concordo com você. Os animais não têm fantasias sexuais! Isso é patrimônio dos humanos". Ele nunca mais voltou.

Uma relação completa, pelo menos no aspecto fundamental, precisa de: 1) desejo ou erotismo; 2) amizade e companheirismo; e 3) cuidado e ternura pelo outro. Quando falta um desses elementos, a relação se desorganiza, o amor fica manco ou deixa de existir. Isso mostra que, embora o erotismo seja uma condição necessária, não é suficiente. Mas, para que o vínculo afetivo prospere, é impossível prescindir dele.

Três reflexões podem servir para você compreender sua sexualidade e melhorá-la.

1. **Feliz mudança de cônjuge.** Em mais de uma ocasião, aconteceu o seguinte em meu consultório: chega um casal e a mulher me diz que o marido sempre foi muito frio e sem graça na cama. O homem só olha para baixo, como uma criança levando bronca. Depois, recebo outro casal, e o marido afirma que a esposa é fria e sem graça na cama. A mulher só olha para baixo, como uma menininha levando bronca. E depois das duas sessões tenho vontade de chamá-los de novo e

propor aos quatro uma feliz mudança de pares: fogosos com fogosos e frios com frios. Tudo seria melhor. Claro que só imagino isso, mas me faz pensar: quando se casaram, um não sabia como o outro era? Além disso, os que "levam bronca" também devem estar fartos dos "hipersexuais". O que aconteceu? Provavelmente, confiaram demais naquelas duas premissas que já fizeram tanto mal: "Enquanto houver amor, tudo é possível" ou "O amor vai fazer funcionar". Eros, para funcionar, precisa de mais que sentimentos.

2. Pós-coito, mais que coito. O momento em que o amor e suas manifestações mais afloram não é tanto no coito (que nos enlouquece), mas sim no pós-coito (que nos faz pensar). Quando você está com o outro literalmente nu, depois de sentir o prazer do corpo dele, quando desafogou sua energia na tempestade do clímax, chega a calma. A mente já se liberou e, então, você se encontra com a pessoa assexuada, o ser humano livre de desejos. E começa a conversa. A origem latina da palavra *conversar* (*conversare*) significa "virar para junto de alguém" ou "conviver com alguém", ou seja, alude a outra maneira de transar, na qual os órgãos genitais descansam e a mente assume o comando. Quando tudo corre bem, durante o espaço pós-coito comemos uma maçã, assistimos a um pouco de televisão, ouvimos música, trocamos mimos, falamos de coisas que nos interessam, fofocamos e, especialmente, rimos (o humor começa a fazer cócegas), mas não há tédio. Não queremos que a pessoa desapareça (como no filme *O lado escuro do coração*, de Eliseo Subiela). Insisto: quando tudo está bem, há aproximação humana. Talvez já tenha acontecido com você de, depois de alguns drinques, amanhecer com alguém a quem conheceu na noite anterior. Ao abrir os olhos, você os fecha rapidamente e se pergunta: "Será que é um pesadelo?". A pessoa que está ao seu lado não tem nada que lhe agrade, ao contrário. Mas a vida é cruel nisso. O outro joga longe o lençol e diz: "Olá". Assim, sem rodeios nem enxaguante bucal. Então, você olha o celular e diz: "Meu Deus, preciso ir!". Se for domingo, acrescenta: "Estou de plantão!". Que fique claro: no pós-coito, a mente e o coração de cada um se aproximam, aterrissam e fazem um contato mais profundo quando o amor existe. As trocas de pensamentos, sonhos, ideias... de tudo, são mais fluidas.

3. Orgasmos moderados? Vamos começar pelo básico: no orgasmo, a pessoa se despersonaliza. Nosso eu fica suspenso e o tempo se dissipa como se estivéssemos vivendo uma experiência mística ou transcendente. Se não acredita em mim, tente, em pleno orgasmo, pensar em qual boleto tem que pagar no dia seguinte. Não vai conseguir. Por isso, não pode haver "orgasmos moderados", aristotélicos, que transitem pelo ponto médio. E um dado a mais: se alguém não sabe se teve um orgasmo, é porque não teve. Conheci muitas mulheres que fingem o orgasmo ou homens que, como não podem fingir como elas, inventam a seguinte pérola: "Eu gozo para dentro". Por que fazem isso justo quando a sinceridade deveria ser a diretriz? Para que enganar? Por medo, para evitar discussões, para agradar o parceiro... Se você mente no sexo, mesmo que só uma vez, há algo errado. Minha recomendação é que assuma uma total honestidade diante do eros compartilhado; é a única maneira de saber se o problema tem solução.

Admiração

Nos vínculos afetivos funcionais e adaptativos um admira profundamente o outro, seja por suas qualidades, virtudes, habilidades, seja por qualquer capacidade ou encanto que percebam. Ambos têm orgulho de estar com quem estão

Uma vez, perguntei a um paciente o que admirava em sua mulher, e o homem, depois de pensar um pouco, disse: "Bem... ela é trabalhadora, boa mãe, responsável, asseada, honrada...". O homem me veio com algo similar a um currículo, como se estivéssemos selecionando um funcionário para uma empresa. Seus olhos não se alteraram, seus gestos quase não existiam, sua expressão era impávida, não havia fascinação. Ele não estava maravilhado, a admiração por sua mulher como pessoa não existia. Admirar não é fazer uma lista asséptica de atributos, é senti-los e comover-se com eles. Você admira seu companheiro ou sua companheira? De verdade?

Pode haver admiração sem amor, como a que sentimos por um líder espiritual, por um músico virtuoso, por uma grande literata, um atleta, uma professora ou uma pessoa qualquer. O que não costuma acontecer é morrermos de amor por alguém a quem não admiramos em algum sentido. Esta é a máxima: não pode haver amor romântico sem admiração.

Pesquisando em diversos dicionários de referência, extraí três acepções do termo, para ver do que estamos falando quando nos referimos a *admiração*:

1. Sentimento que exprime espanto, surpresa, pasmo diante de algo que não se espera.

2. Sentimento agradável que se apodera do ânimo ao ver coisa extraordinária, bela ou inesperada.

3. Afeição ou simpatia que se tem por alguém ou alguma coisa.

Na psicologia, seguimos um caminho similar: *admirar* é julgar com estranheza ou espanto alguém que, por suas ações, maneira de pensar ou sentir, consideramos surpreendente ou fora do comum. E, no caso de alguém com quem temos um relacionamento afetivo, sabemos que admiramos tal pessoa quando sentimos orgulho de estar com ela por ela ser quem é. Não significa que nos vangloriamos disso, mas que nos sentimos pessoas de sorte ou gratas com a vida. Mas que fique claro, como dizia o filósofo Comte-Sponville: "Não amamos uma pessoa porque ela é valiosa, mas a vemos valiosa porque a amamos". Você não ama um filho porque tira boas notas ou porque é bonito ou é muito bom em esportes; você o considera especial porque o ama, mesmo que ele seja ruim em esportes, tire péssimas notas ou seja feio. E eu acrescentaria, então, que *o amor agrega valor*.

Uma mulher comentava comigo do seu marido, um homem vinte anos mais novo que ela: "Eu o amo, mas cada dia o quero menos, e de uma maneira diferente [...]. A relação está cada vez mais filial". Quando lhe perguntei a que ela atribuía essa diminuição da afetividade, ela disse: "Ele não é proativo, diante do primeiro problema fica desanimado, não tem ambição [...]. Não o acho corajoso [...]. Eu sou como a terapeuta dele, entende? Um homem assim não me excita, não o admiro". Então, eu lhe fiz outra pergunta, que selaria tudo: "Você gostaria de um homem assim para a sua filha?". E, quase sem pensar, ela disse: "Deus me livre!".

Uma jovem se queixava de que seu principal admirador era um rapaz que ela classificava como *nerd*. Ele era bem-sucedido no trabalho, engraçado, inteligente, mas fisicamente não lhe agradava. Ela me disse uma vez: "O que mais gosto nele é que me faz rir". Ela não era capaz de deixar de ter amizade com ele porque tinha medo de se arrepender depois. Um dia, estavam andando de carro, conversando, quando, de repente, viram um homem empurrando e surrando uma mulher. O amigo de minha paciente freou o carro na hora, tirou os óculos (segundo o relato da garota, como se fosse o Clark Kent) e pôs o homem para correr. Levantou a mulher, que estava muito machucada, e os dois a levaram ao hospital, onde a acompanharam ser atendida. Minha paciente me disse depois: "Ele ficou muito preocupado com aquela mulher, estava com muita raiva. E com razão. Não sei, é como se ele tivesse sido trocado, como se, a partir daquele momento, fosse outro homem. Até o acho atraente agora!".

O que aconteceu? Não é que ele tenha se transformado em um príncipe encantado nem que ela tenha sido vítima do estereótipo do herói. A questão vai mais além. Minha paciente descobriu uma faceta dele que imediatamente admirou, que não era a coragem nem o fato de ele ter agido como um justiceiro. Foi o fato de ele ter, em sua escala de valores, uma dimensão de altruísmo tão forte. O *nerd* que dava a impressão de ser um sujeito insípido e meio bobo provocou nela, como dizem as definições apontadas antes, *espanto* por uma qualidade *extraordinária*.

Uma pessoa que admira a quem ama se sente maravilhada, não idiotizada. Não presta culto, apenas vive em um estado de contemplação e alegria só porque o outro existe. Analise se você está perto ou longe disso, e não se resigne. Se não admira a pessoa que está com você, há algo errado aí.

Confiança básica

Nos casais funcionais e adaptativos há confiança básica um no outro. Isso significa que um colocaria sua vida nas mãos do outro, sabendo que o outro faria até o impossível para cuidar dele e ajudá-lo

O surpreendente é que existem pessoas que aguentam que o ser amado lhes faça mal intencionalmente e ainda arranjam atenuantes para desculpar o agressor: tornam-se seus principais defensores ou cúmplices. Você faz isso? Justifica e defende alguém que machuca você intencionalmente? Cuidado, e não me refiro só aos danos físicos, mas também, e principalmente, aos psicológicos. Alguém que fere você de propósito automaticamente se torna um perigo para o seu bem-estar. Como você se sente depois de transar com seu inimigo ou inimiga? Como faz para continuar se relacionando, como se nada tivesse acontecido, com alguém que ofendeu você de alguma maneira um instante antes? Você esquece tão rápido assim? Isso não é perdoar, é enfraquecer seu amor-próprio. Perdoar não é esquecer, é recordar sem ódio nem rancor; não é passar uma borracha em tudo e começar de novo.

A pessoa que fere você deliberadamente sabe o que está fazendo. Fica claro, então, que sua dor não dói nela. Pense bem: você seria capaz de machucar de propósito uma pessoa a quem realmente ame? Diria que isso é amar?

Confiança implica aproximar-se da pessoa amada com o coração aberto, é pôr a mão no fogo por ela. Gente que diz "Eu não ponho a mão no fogo por ninguém" quer dizer que não confiaria em ninguém de uma maneira radical. Pois insisto, eu acredito que a única certeza à qual não podemos renunciar em um relacionamento amoroso é: "Eu sei, sem sombra de dúvida, que meu amor não me machucaria de propósito".

O que acontece quando a pessoa amada destrói esse esquema de confiança básica, seja sendo infiel, maltratando você, seja quebrando alguns padrões éticos ou morais, denunciando um segredo seu, não cumprindo promessas e coisas assim? Se você não tapar o sol com a peneira nem enganar a si mesmo, uma estranha forma de desencanto tomará conta do seu ser e o levará a algo muito parecido com o desamor: chama-se *desilusão afetiva*. A imagem que você tinha dele ou dela se esfacela. E, se você tiver dignidade, chegará à única conclusão possível: "Quem me machuca não me merece".

Em meu livro *Me cansei de você*, cito dois exemplos que quero repetir aqui, uma vez que são pertinentes: um imaginário e outro cuja origem é o cinema.

O caso imaginário

Imagine que você é um homem que está em casa com sua esposa e suas duas filhas. De repente, o lugar começa a tremer. As paredes estalam, os quadros caem, o chão se move sob seus pés, cai pó do teto e tudo é confusão. As meninas se agarram a você e choram. Tudo ocorre muito depressa e você mal consegue reagir. Então, você chama sua mulher, angustiado, para que ela o ajude com as meninas, mas a vê sair correndo de casa. Você repete o nome dela, dessa vez aos gritos, e escuta a voz dela escada abaixo: "Corram, corram!". Mais tarde, tudo volta ao normal. Nada mais treme, resta só um ou outro temor secundário de vez em quando, mas nada importante. Sua mulher sobe e pergunta, com aparente preocupação: "Você estão bem? Estão bem? Graças a Deus!". E abraça os três. O que você sentiria se fosse esse marido? O que pensaria? Como esse episódio o afetaria?

O caso cinematográfico

No filme sueco de 2014 intitulado *Força maior*, dirigido por Ruben Östlund, ocorre algo similar. Em uma pista de esqui, a neve começa a se soltar e a se mover ao terraço do hotel onde os protagonistas estão se preparado para almoçar. É uma família composta de pai, mãe, um menino e uma menina. Tudo anuncia uma catástrofe. As pessoas gritam e tentam se salvar. A mãe, instintivamente, abraça os dois filhos, enquanto o pai pega o celular de cima da mesa, sai correndo e deixa a família sozinha. Mais tarde, ao ver que a avalanche cessou e nada grave aconteceu, o homem volta e pergunta, com evidente nervosismo, como a família está. A partir desse momento, a mulher entra em choque, não tanto pela avalanche, mas pela atitude do marido. Ela começa a sentir uma profunda decepção em relação a ele, que se defende afirmando que não é para tanto.

Nas duas situações, é provável que dois dos aspectos mais importantes do amor se percam: *admiração* e *confiança*. Depois de conhecer um lado perverso e covarde da mulher ou do homem a quem você ama, é um passo para que o amor acabe. E um passo menor ainda para um adeus definitivo. O desamor instantâneo, sem aviso, como um balde de água fria, transforma seus sentimentos e os reacomoda. Como amar uma pessoa em quem você já não confia, que foge em vez de ajudar a própria família?

Humor

Os casais funcionais e adaptativos riem, sorriem, estão abertos para o humor e existe uma espécie de cumplicidade sobre o que acham engraçado, da qual não poderão prescindir jamais

O humor é um indicador de saúde mental, especialmente quando a pessoa é capaz de rir de si mesma. Mas nem todo mundo pensa assim. Imagino que você conheça gente amarga, circunspecta e extremamente formal, que, por alguma razão, fica irritada com o bom humor, a piadinha oportuna, o duplo sentido ou a diversão. Para essas pessoas, o riso não é o caminho mais curto entre dois seres – como dizia o músico dinamarquês Victor Borge –, e sim o mais longo e acidentado.

O humor é imprescindível para uma boa relação. Se você não tem senso de humor, talvez seja melhor começar a ver o que há de errado com você. Conheci casais que não entendo como andam juntos pela vida: enquanto um dificilmente esboça um sorriso, jamais cai na gargalhada e não entende piadas, o outro tem o riso frouxo, capta o sarcasmo e curte o absurdo. Mente estreita e rígida *versus* mente aberta e flexível.

Uma vez, contei uma piada a uma paciente de mente alegre e vivaz, para que ela a contasse ao marido, um homem muito sério, sobretudo diante de piadas de humor duvidoso. A piada era a seguinte: um homem diz ao telefone: "Alô? Minha sogra quer se jogar pela janela". Do outro lado da linha, outro homem responde: "Lamento, mas o senhor ligou errado. Aqui é da marcenaria". E o primeiro homem acrescenta: "Sim, eu sei. É que a janela está emperrada, não abre!".

Minha paciente foi para casa e transmitiu o relato ao marido, que, segundo ela, estava acendendo o cachimbo. Quando a escutou, ele deixou cair o cachimbo e ficou olhando para ela fixamente. Um pouco depois, perguntou: "E o que aconteceu com a mulher?". Ela lhe explicou que era uma piada, não um caso de verdade. Ele aceitou e deixou claro que não via graça nenhuma. Por volta das três da manhã, a mulher se virou na cama e o encontrou sentado. Quando lhe perguntou o que estava acontecendo, ele disse com profunda preocupação: "Não consigo parar de pensar naquela mulher que queria se matar".

Uma das definições de humor consiste na "disposição de uma pessoa para encontrar diversão em coisas ou situações desafortunadas ou que implicam certa crueldade [...] que provocam riso, ou buscam provocar, pela maneira como apresenta o azar ou a crueldade". Obviamente, desde que não constitua um delito de ódio.

O homem também era metódico para transar; quase sempre à mesma hora, no mesmo lugar e do mesmo jeito. Por sua vez, ela era uma flecha em pleno voo, espontânea e imprevisível. O que mais doía em minha paciente era que não havia sincronia entre os risos deles. Pense: existe algo pior que precisar explicar uma piada à pessoa amada (em alguns casos, mais de uma vez)?

Aceitemos que, como diz o ditado popular, "gosto não se discute", mas se eu rio quando você chora, e se eu fico indignado diante de algo que para você é normal, talvez estejamos em páginas diferentes. E senso de humor compartilhado significa justamente isso: *estar na mesma página, não sobrepostos, mas transitando do mesmo lado do caminho.*

O humor nos permite mandar a seriedade à merda e brincar. Sim, você leu direito, brincar. Por que adultos não podem brincar? Por que não podemos fazer cócegas um no outro, vestir fantasias e pular de alegria quando estamos contentes? As pessoas dizem: gente madura, estável e equilibrada não é infantil. É como se, com o passar dos anos, o festejar permitido pela cultura fosse basicamente interior e só pudesse ser exteriorizado respeitando certos decibéis e maneiras de se expressar socialmente adequadas. Ou seja: com repressão emocional. Não sei se já aconteceu com você de, diante de uma boa notícia, fazer cara de paisagem e depois se trancar no banheiro para dizer bem baixinho: "Viva! Eba! É isso aí!", como se não pudesse fazer isso em público.

O que acontece quando um casal não compartilha o humor? Várias coisas: inibem-se, procuram fora o que não encontram em casa, sentem raiva ou acham o outro histérico ou chato; enfim, não abordam o mundo do mesmo jeito. Afastam-se, distanciam-se emocionalmente.

Ao contrário do que pensam as mentes rígidas, o humor é importante. Mostra nosso lado mais humano. O psicólogo Martin Seligman considera o *senso de humor* uma força pertencente a uma virtude maior: a transcendência. E o define como "prazer em rir e fazer rir e ver facilmente o lado cômico da vida", mesmo na adversidade.

Lembro que, em certa ocasião, um amigo meu escorregou ao descer do ônibus. A queda foi bem espalhafatosa, porque ele foi derrapando de bunda até aterrissar na calçada. Uma mulher que passava por ali se aproximou depressa para ajudar, e perguntou: "Meu Deus! Caiu?". Meu amigo, que tem muito senso de humor, respondeu com tranquilidade: "Não, mulher, é um velho costume de família". Esse comentário permitiu que todas as pessoas que estavam segurando o riso soltassem livremente uma gargalhada e foi uma diversão geral. Se pensarmos bem, veremos que é muito comum que perguntemos o óbvio, na inocência, claro. Por exemplo, quando chegamos a uma reunião encharcados de chuva, não falta quem pergunte:

"Nossa, você se molhou?". Ou, em outro cenário, quando bebemos um café fervendo e gritamos ao saboreá-lo, ou até o cuspimos, também não faltará quem questione com cara de espanto: "Está muito quente?". A situação em si, mais uma pergunta desatinada, leva à possibilidade de criar o paradoxal ou o absurdo.

Bom humor: disposição para rir de si mesmo, além de provocar o riso e envolver os outros na diversão. Por isso, a arte de fazer piadinhas saudáveis é uma virtude social.

Pode haver sabedoria sem humor, mas não o contrário. As tradições espirituais mais conhecidas do Oriente e a filosofia antiga comprovam isso. Por exemplo, o guia espiritual Osho, no livro *Vida, amor e riso*, cita o curioso caso de Hotei, um místico japonês apelidado de Buda que Ri:

> No Japão, um grande místico, Hotei, era chamado de Buda que Ri. Foi um dos místicos mais amados daquele país e nunca pronunciou uma única palavra. Quando se iluminou, começou a rir, e sempre que alguém lhe perguntava "do que está rindo?", ele ria mais. Ia de aldeia em aldeia, rindo...

E em outra parte, acrescenta:

> Em toda sua vida, depois de sua iluminação – por volta dos 45 anos –, só fez uma coisa: rir. Essa era sua mensagem, seu Evangelho, sua Sagrada Escritura.

As pessoas que conheciam Hotei não conseguiam parar de rir e não sabiam por quê. Na realidade, riam sem razão, coisa que não entra na cabeça de uma pessoa de mente rígida. Essa é uma das qualidades mais significativas do riso: corre como pólvora, expande-se como uma onda de júbilo que envolve e leva a quem o escuta.

Obviamente, a vida não é um mar de rosas e não devemos confundir uma atitude dirigida ao bom humor com fuga da realidade ou autoengano. Há momentos para chorar e outros para rir. Quando exageramos no riso, acabamos nos afastando do contexto e construindo uma bolha de suposta alegria que às vezes só existe em nossa cabeça. E, se exagerarmos no pranto e na amargura, não haverá amor que possa com isso.

O humor é um fator de peso na paixão? Não tenho a menor dúvida. Quando pergunto a meus pacientes, especialmente às mulheres, o humor sempre está entre os primeiros requisitos considerados para gostar de um homem.

A graça e a agudeza são qualidades invejáveis, mas saber detectá-las e curti-las também. A capacidade de rir é uma virtude e o melhor remédio para as doenças da mente e do corpo. O senso de humor não requer um QI elevado ou uma pós-graduação. É questão de querer soltar a fantasia. Na piada, a lógica cai por terra e a irreverência dá seus frutos. Por isso, o humor é a essência da química mental e a maneira mais alegre e criativa de entrar em sintonia.

Se você não deixar o paradoxo, o irracional, a surpresa, o estranho, o incompreensível, o chocante e o incongruente entrar em sua vida, e ainda se levar a sério demais, é como se estivesse dentro de um bunker. Não digo que seja fundamental convulsionar e enlouquecer de rir, mas que cada um, em seu estilo, deveria poder voar nas asas do humor, que nem sempre é gargalhada, mas também sorriso. Às vezes, quando olhamos para a pessoa amada e trocamos sorrisos, o que trocamos, na realidade, são carícias. O riso e o sorriso ativam sua farmácia interior, o bem-estar de saber que do outro lado, seja companheiro amoroso ou não, há alguém que não lhe fará mal e que gosta de você.

Anthony de Mello, no livro *One Minute Nonsense*, apresenta o seguinte relato:

> O mestre era tudo menos pomposo. Sempre que falava, provocava gargalhadas enormes e alegres, para consternação daqueles que levavam a espiritualidade – e a si mesmos – a sério demais. Ao observá-lo, um visitante comentou, decepcionado: "Esse homem é um palhaço!". "Nada disso", replicou um discípulo. "Você não entendeu nem uma palavra: o palhaço nos faz rir dele, um mestre nos faz rir de nós mesmos."

Uma pessoa mentalmente saudável cria humor, inventa-o e o incorpora à sua vida e à dos outros inopinadamente. Reconhece e busca ativamente o sentido lúdico das coisas e é capaz de suavizar a percepção das situações adversas, tentando manter um melhor estado de ânimo. A agudeza nos ajuda a fluir; o mau humor gera estancamento mental; e do amor também.

Visão de mundo

Nos casais funcionais e adaptativos, as duas pessoas não são opostas nem iguais em sua maneira de ver e sentir a vida; são similares. Os polos opostos se chocam cedo ou tarde, e os idênticos morrem de tédio. Pessoas similares se aproximam mais facilmente do bom amor

Quando duas pessoas pragmáticas e não apegadas ao amor decidem estabelecer uma relação estável, procuram *compatibilidade de caráter*, o que faz sentido. Porém, nessa busca, às vezes a *visão de mundo* de cada uma dessas pessoas, ou seja, o que chamamos de filosofia de vida, fica de fora. A maneira de ver e estar no mundo não combina.

Essa visão (por exemplo, religiosa, política, ideológica, espiritual, ética ou econômica) é o ponto de partida para a conexão com sua própria pessoa, com os outros e com o universo.

Por exemplo, se você for um homem ultrarreligioso e sua mulher for ateia, haverá um espaço em que vocês deverão transitar com cuidado: nesse lugar, *terão que ser capazes de conjugar o respeito – pelo outro e por si.* Muito difícil, considerando os extremos em que se encontram! Também é possível que esse tema se torne um tabu e vocês evitem falar dele. O problema surgirá se tiverem filhos: que escola vão preferir para a educação deles: laica ou religiosa?

Existem situações que não esperamos, dilemas que nem sempre são fáceis de resolver sem pagar algum preço. Vejamos um caso pessoal. Eu estava dando uma palestra em uma conferência em um país latino-americano, com outros participantes, no centenário de um centro educacional muito importante. Ao terminar, estávamos em um coquetel e ouvi um rumor que chegava da porta, vi uns flashes de máquinas fotográficas e ouvi aplausos. Então, de repente, apareceu o bispo da cidade. Um homem alto, de rosto gentil, vestindo uma túnica púrpura e umas joias. Em dado momento, os organizadores o colocaram sobre um pequeno tablado que realçava ainda mais sua aparência. A seguir, o homem estendeu a mão e formou-se uma fila para o chamado beija-mão, que é, na realidade, pousar os lábios sobre o anel de monsenhor. E eu me vi em uma encruzilhada. Sou um homem espiritual, mas não religioso, e, além do mais, não acredito no ato de reverenciar outro ser humano. Todos me convidavam a entrar na fila e eu não lhes dava ouvidos, até que dois sujeitos me colocaram nela. Por fim, chegou minha vez e fiquei de cara com a mão do bispo.

Primeiro, fiquei petrificado, sem saber o que fazer, e, uns segundos depois, tive uma ideia: peguei sua mão, chacoalhei-a várias vezes e disse: "Muito prazer, padre". O bispo sorriu, talvez porque compreendeu minha situação e a solução que inventei, sei lá. Mas os organizadores não entenderam assim. A partir desse momento, eles me ignoraram. Foi tão evidente, que peguei um táxi e fui para o hotel. Por sorte, meu voo de volta era no dia seguinte bem cedo e não tornei a vê-los.

Entre um casal, a coisa costuma ser pior, especialmente pela proximidade e os eventos familiares, de trabalho e sociais que devem compartilhar. Recordo que, em Barcelona, a questão da independência da Catalunha e as diferentes posições políticas do povo dividiram familiares e amigos. Aconteceu algo parecido no Brexit da Inglaterra, e há alguns anos na Colômbia devido ao plebiscito pela paz.

Suponhamos que o casal de antes, formado por uma pessoa ateia e outra religiosa, tenha outra pequena diferença: sobre a imigração. Ele é claramente xenófobo, e a mulher, a favor de portas abertas. O homem não trata bem a empregada, que é de uma origem étnica que não lhe agrada, e a mulher a defende. Quando ela fica indignada com alguma coisa, para ele está tudo bem, e vice-versa. Pode ser um programa de televisão, a compra de um relógio ou a leitura de um livro. Quando se casaram, talvez tenham subestimado essas diferenças ou fizeram como o avestruz; porém, são política, ideológica e religiosamente incompatíveis. Enquanto fazem sexo, deixam suas crenças e maneiras de ver a vida de lado, mas, no pós-coito, tornam a ativá-las. Será que não viram isso antes de assumir uma relação? A conclusão é categórica: a título de ilustração, se eu fosse anarquista e minha mulher membro da CIA, nós, e não o "amor", teríamos que resolver o problema. Isso se tivesse solução.

As pessoas costumam dizer que a época de namoro é para se divertir. Em parte, pode ser verdade, mas também é para que o casal se conheça, para que veja quais arestas podem ser aparadas e quais não. Pense assim: guardadas as devidas proporções, por mais apaixonado ou apaixonada que você estivesse, não seria bom que se relacionasse com um assassino em série, concorda? Durante a ditadura argentina de 1976, houve muitos casos de casamentos desfeitos porque as mulheres descobriam que o marido participava de massacres, sequestros de crianças e roubos. A decepção de que falamos antes acaba com o amor em um instante.

É verdade que podemos ser amigos de alguém que pense diferente, claro, mas também é certo que, em alguns casos, preservar a amizade implica não tocar em certos assuntos. Apesar de tudo, temos que reconhecer que o bom amigo, o amigo da alma, ao qual nos une um laço indissolúvel, é aquele a quem não precisamos explicar a piada nem justificar nossos atos. Não somos iguais, mas ambos temos visões de mundo *semelhantes*.

Não dizemos eu me "amizei" quando falamos de amizade, como dizemos "eu me apaixonei" quando falamos de paixão e amor. A amizade é construída com a vontade. A flecha do cupido não nos atinge, nós é que a criamos pelas afinidades, a simpatia e essa maneira de sentir e pensar que, nos aspectos fundamentais, combina.

Como saber se você é amigo da pessoa amada? Basta ver se têm projetos em comum, se não se cansam de conversar, se riem juntos e são leais. Uma vez mais: não precisamos ser iguais, apenas similares no essencial. Quando um marido trata muito mal a um empregado e a esposa intervém, tentando ser coerente com a ideia de que a escravidão deixou de existir faz tempo, ela descobre algo impressionante: *não são as mesmas coisas que os deixam indignados*. Em algo tão simples e complexo ao mesmo tempo, ela encontra a ponta de um iceberg enorme que atravessa todo o vínculo afetivo.

Mais uma questão para você pensar: conversar, como eu disse antes, significa "virar para junto de alguém", um acoplamento entre duas pessoas. Quando estamos apaixonados, já não se trata só de falar, e sim de um compasso, de sintonizar uma espécie de dança com a pessoa amada. É compartilhar os ritmos e se mexer segundo a música que une a ambos. Seu ritmo e o da pessoa amada andam juntos. E se não tiver com quem dançar, pegue sua música interior, essa que move você profundamente, e pule, balance o corpo, sapateie e cante até a exaustão, mesmo sem companhia. Dance para você.

Desacordos amistosos

Nos casais funcionais e adaptativos, os dois discutem e se opõem em muitas situações, mas o amor nunca está em jogo. Preferem um desacordo amistoso a um acordo preguiçoso

"Os bons casais não brigam", dizem. Mas não é verdade. Os bons casais discutem e se enfrentam, a diferença é que fazem isso sem ferir o outro e sem tentar destruir o vínculo. Nenhum dos dois tenta marcar pontos. As pessoas também dizem que o amor, por si só, é felicidade, mas isso tampouco é verdade. Uma boa relação requer mais "transpiração que inspiração". Há momentos de infelicidade e outros de alegria. Onde se situa o bom amor? Sempre do lado construtivo, onde exista um equilíbrio emocional racional. Quando discutir com a pessoa amada, faça-se as seguintes perguntas:

- Sempre tento ganhar a discussão?

- Só penso em meu ponto de vista?

- Tomo cuidado para não ferir a pessoa amada, mesmo que isso me prejudique e esconda a verdade?

- A discussão vale a pena?

- Qual é meu objetivo?

Quando existe amor do bom, você não bate de frente com a pessoa amada, viaja até ela e aterrissa pacificamente na mente e no ser dela – com a aprovação dela, obviamente. O mesmo ocorre quando ela viaja até você. E, nesse ir e vir, vai se assegurando em uma mente diferente da sua, mas unida a você, vendo os prós e os contras, as similaridades e as diferenças. Precisa ter flexibilidade, tirar o foco de si e se colocar no lugar do outro. Não há outra maneira de se comunicar completamente.

Insisto: desacordo amistoso é entender que, embora não haja acordo em algumas coisas, o que nos une continua em pé. Não brigamos, apenas discordamos, debatemos. Um acordo preguiçoso significa que, para evitar o desconforto da discussão, chegamos, de maneira mentirosa ou de má vontade, a um entendimento que de entendimento não tem nada. O resultado desse jeito "preguiçoso" ou que evita enfrentar uma divergência sempre estará acompanhado de ressentimento: fica guardado na memória e a discussão é postergada, não acaba em um desacordo amistoso nem é bem trabalhada; vira um cisto e uma hora estoura em forma de rancor.

A proposta que lhe faço quando estiver em disputa com a pessoa amada é esgotar recursos, polir e iluminar os argumentos, sem birras nem agressões inúteis. Que seu objetivo não seja ganhar, e sim elucidar. Ir ao fundo e assumir o resultado. A diferença pode ser muito enriquecedora se eliminarmos todo tipo de ataques, julgamentos ou ironias. O desacordo amistoso lhe proporcionará paz porque você foi até o fim e com boa disposição. Lembre-se: você não é igual à pessoa amada, não se deixe arrastar pela ideia de almas gêmeas. Você e o ser amado são peças de quebra-cabeças diferentes que precisam se polir para se encaixar.

Quando discordar da sua cara-metade, leve em conta que explicar não é brigar, que indicar não é rotular, que o cinza sempre existe, que é melhor falar assertivamente e que não devemos só escutar a nós mesmos como em um monólogo; temos que escutar o outro também. Há muitos manuais excelentes sobre comunicação de casal, mas o conteúdo excederia os limites deste livro.

Não confunda urgente com importante. Se um desacordo envolve algo que afeta seus valores, entre na disputa com firmeza e estabeleça um precedente com as implicações do caso: não se esqueça de você. Se forem coisas secundárias, não jogue pela janela uma relação que talvez valha a pena. A questão não é vencer um adversário, e sim resolver. Ah, mais um dado: se você nunca entra em desacordo com a pessoa amada, procure ajuda profissional urgente.

Sensibilidade e entrega

Nos casais funcionais e adaptativos, ambos têm uma conexão emocional ativa e constante. É o oposto da indiferença. A pessoa amada está sempre presente, porque é impossível não a sentir

Em alguns povos sul-africanos, como as culturas zulu e xhosa, existe um lindo costume interpessoal. Esses povos, além de acreditar na bondade das pessoas e que todos merecem uma segunda chance (eles põem em prática o direito a errar), têm um grande respeito pelo ser humano. Quando alguém pisa na bola, os outros fazem essa pessoa recordar as coisas boas que fez no passado, como uma maneira de equilibrar sua autoestima. No processo de aproximação e reconhecimento, seja de quem for, utilizam como cumprimento a palavra *sawabona*, que significa: "Eu respeito e valorizo você e você é importante para mim". O receptor da saudação responde *shikoba*, que significa: "Então, eu existo para você". O que há de extraordinário nessa troca de palavras? Dois conceitos que se entrelaçam: empatia ("o que você sente importa para mim") e ternura ("não lhe faço mal, eu cuido de você").

Por sua vez, a tradição judaico-cristã nos presenteia com a palavra *ágape*, que, além de "festa", significa "cuidado pelo outro", o amor que dá e se compadece. "Não apenas desejo você (eros) e temos uma amizade (*philia*), como também sua dor me dói e sua felicidade me faz feliz (*ágape*)".

Falamos de sensibilidade e entrega como *ágape*, mas sempre dentro do contexto de reciprocidade. Se para amar você a condição é eu me anular ou me destruir, não me interessa. Se amar você implica oferecer minha ajuda, porque lhe sou necessário, então me interessa. Mas, em condições normais, como eu já disse antes, a questão é de ida e volta: eu cuido de você e você cuida de mim; eu me compadeço e você se compadece, eu amo você e também me amo. Amor-próprio e amor pelo outro, juntos.

Esse amor agápico é desinteressado; é a delicadeza, a não violência. Não é o eu erótico que faz tudo tremer, nem o eu e o você da amizade; é o você puro e descarnado. A reciprocidade inteligente e racional não deve ser entendida como um equilíbrio estático, mas sim móvel e flexível: às vezes, é você quem precisa mais de mim, e às vezes sou eu, mas, depois, o fiel da balança torna a se reacomodar no ponto de equilíbrio. É a dimensão mais limpa do amor, a benevolência sem contaminações egoístas.

Não é verdade que, de vez em quando, você alcança esse estado? Obviamente, não estou me referindo a um amor irreal e idealizado, mas à capacidade de renunciar à própria força para se conectar com a fraqueza da pessoa amada. Insisto, não se trata do prazer erótico nem da alegria amistosa, e sim de pura compaixão: é a dor que nos une ao ser amado quando ele sofre, é a disciplina do amor que não requer esforço, como dizia Krishnamurti.

É difícil diminuir o ego ou deixá-lo de lado. Fazemos isso em situações limites. O importante é não confundir autoestima com grandiosidade. Com a primeira você se cuida, se trata bem, se permite, não porque é especial, e sim porque existe em você um instinto de autoconservação impossível de ignorar, como diziam os estoicos. Você é humano e, como tal, tem o dom da autoconsciência. Já com a grandiosidade você não se cuida, apenas se exalta, porque se sente especial, os outros estão em segundo plano; impera um autointeresse selvagem e sem consideração. Se já entendeu essa diferença, está claro por que razão o amor-próprio não é incompatível com o amor ao próximo. Amar a si mesmo com certeza é a condição necessária para ajudar e amar os outros.

A pessoa que está ao seu lado é um presente ou uma armadilha do destino. Se for um presente, sinta-se alguém de sorte e eleve a relação o mais alto possível, sem esquecer quem você é nem seus princípios. Se for uma armadilha do destino, escreva outro destino, engane o futuro, construa um novo hábitat. Um homem, cada vez que eu dizia algo sobre sua esposa, uma mulher furiosa e narcisista, respondia: "Deus sabe o que faz". Um dia, comentei o seguinte: "Tudo bem, Deus sabe o que faz. Mas Ele também precisa de você. Ele não pode fazer tudo enquanto você fica de braços cruzados. Veja assim: Deus lhe dá o papel e a caneta, mas é você quem escreve seu destino. Reze quanto quiser, mas comece a trabalhar para voltar a ter uma vida digna". Depois de pensar um pouco, ele disse: "Sim, tem razão... É minha responsabilidade, não é?". Eu assenti e acrescentei: "Ninguém no universo quer vê-lo sofrer com uma pessoa que não o respeita".

O que se opõe à ternura é a imposição. Ou seja, a carga inerente à interpelação e à exigência. Não imponha, sugira. Não grite, sussurre. Não ignore sua cara-metade, seja curioso quanto a ela. Explore-a do lado direito e do avesso e descobrirá que a cada dia haverá algo novo para conhecer que sua insensibilidade não havia notado.

Respeito

Nos casais funcionais e adaptativos, as duas partes se respeitam acima de tudo. Isso significa que se consideram sujeitos, escutam-se e nunca violam os direitos um do outro

Respeitar a pessoa amada é reconhecê-la como um sujeito que tem algo a dizer que vale a pena escutar. Se você não escuta, não ama; se não escuta, não respeita.

A pessoa que está ao seu lado deve poder escolher por ela mesma, em liberdade, sem a sua mediação. Quando não há autonomia, há escravidão. Não respeitar não é apenas insultar ou machucar, mas também ignorar a pessoa a quem supostamente amamos. Ignorar o quê? Seus direitos, sua condição humana, seu autogoverno, a capacidade de decidir por ela mesma. Você tem medo de que sua cara-metade pense pela própria cabeça? Aceite, você não pode controlar o mundo interior do outro, isso é infantil, além de possessivo. Quando duas pessoas estão juntas por vontade própria, e não obrigação, o único risco é de que ambas amem livremente, porque querem, porque se escolheram mutuamente. Qual é o medo, então? Ver as coisas como são? Amar também é trocar atos de consciência, conhecer a si mesmo sem pretextos e ver a pessoa amada como ela é. Medo de não receber amor? Se for isso, aceite, deprima-se, angustie-se, mas sempre com um pé na realidade. Ou prefere se enganar?

A pessoa que está ao seu lado não respeita você? Isso não é negociável. Cada segundo que demorar a se retirar e estabelecer um limite significativo dará mais espaço à pessoa que agrediu ou ofendeu você para que ela continue fazendo isso. Ouça bem: você não deve estar onde não lhe querem, onde menosprezam você ou simplesmente não tratam você bem. A palavra *respeito* provém do latim *respectus*, que significa "atenção", "consideração". O respeito também inclui cuidado e deferência, ou seja: bom tratamento, interesse e cortesia. Respeitar-se é acatar e considerar sua condição de sujeito, alguém que não é um meio nem pode ser tratado como tal; que é um fim em si mesmo, como dizia Kant.

Eu lhe pergunto: já sentiu que a pessoa amada manipula ou usa você? Que diminui sua importância? Ignora sua existência? Não se importa com o que você pensa e sente? Ela quer seu bem-estar? Escuta seu ponto de vista? Sua metade da laranja jamais pode tentar rebaixar você para ficar por cima; isso não é aceitável se você tiver um pouco, só um pouquinho, de autorrespeito. Em uma convivência digna, o reconhecimento da humanidade do outro vai e vem, até a exaustão.

Mais um aspecto: eu já havia comentado algo sobre o ato de venerar a pessoa amada. Venerar é prestar reverência, é obediência. Quando você reverencia, adora ou presta culto à pessoa amada, quebra o equilíbrio natural da relação. Se idealizou a pessoa até esse ponto, você está com um problema: *tentará imitá-la*. Aquele que se prostra imita seu mestre. E a imitação corrompe porque você deixa de ser você, perde sua identidade para se parecer com o outro. Você será uma cópia de um original. Mas, se trocar veneração por respeito e admiração, essa pessoa será motivo de *inspiração*, e não de plágio. Você não terá que imitar, e sim *criar* a partir do que o outro ensina e sugere. O que fizer terá sua marca pessoal, mesmo que provenha de um referencial. Você não perderá tempo idolatrando, e sim amando.

Para concluir, é muito difícil exigir respeito ou impor limites se não tiver autorrespeito. O amor-próprio é o ponto de partida de qualquer relação interpessoal; cuidar do seu eu e fortalecê-lo. E voltamos ao princípio deste livro: se de tanto amar você se esqueceu de si, foi porque colocou sua autoestima em segundo plano. Submeteu-se ao outro por "amor", ou, em outras palavras: faltou você se respeitar.

Epílogo

Uma paciente me dizia: "Meu namorado é insuportável, mas não posso viver sem ele". Já vimos aonde a premissa "não posso viver sem você" leva. Entre outras coisas, dependência e codependência, fraqueza, medo da solidão, apego, busca de proteção... Enfim, dizer "Eu o suporto porque o amo" é afirmar que o amor deve justificar qualquer coisa.

Karl Popper propôs o paradoxo da tolerância: "Se formos absolutamente tolerantes, mesmo com os intolerantes, e não defendermos a sociedade tolerante contra seus ataques, os tolerantes serão aniquilados e, com eles, a tolerância". Devemos tolerar uma violação ou um assassinato? O que faríamos se víssemos um homem batendo no filho pequeno? Devemos tolerar o abandono infantil, o genocídio, as mentiras, os maus-tratos? Pois os relacionamentos afetivos não são uma exceção. Da mesma maneira, há amores intoleráveis e relacionamentos insuportáveis.

Uma pessoa tolerante é permissiva e paciente, não impositiva. Porém, como eu já disse, essas virtudes, levadas ao extremo, podem ser perigosas se não forem acompanhadas de amor-próprio e um pouco de sabedoria. *Tolerar*, segundo o *Dicionário on-line de sinônimos*, também quer dizer "suportar, aguentar, sofrer, resistir, aturar, engolir, transigir, resignar-se, acomodar-se, conformar-se, submeter-se". Um vínculo afetivo que se encaixe nesse contexto semântico seria mais uma reunião de masoquistas anônimos que uma relação amorosa. Amar não é "carregar a cruz do casamento", como dizem alguns. Suportar com indulgência as agressões não é sinônimo de amor, é submissão. É falta de autoestima.

Grave isto para dizer à pessoa amada, mesmo que ela se assuste: "Não posso amar você se eu não me amar; pelo menos não bem e de maneira equilibrada. Se eu não me amar, viverei só para você e esquecerei quem sou e o que quero. Não imporei limites. Chegarei a justificar o injustificável e a aceitar o inaceitável. E me transformarei em um apêndice emocional seu. E se o fato de eu ter amor-próprio incomoda você, lamento, mas é melhor que não continuemos juntos. Se sua felicidade está em minha anulação, você não merece estar ao meu lado". Duro? Não acho. É um ato de autoafirmação e dignidade. É a verdade. E a verdade não só nos faz livres, mas também dói.

A pergunta que eu faria é: você ainda não cansou de sofrer por amor? Se não cansou, reconheça que você é uma pessoa meio teimosa. Eu não chamaria isso de perseverança, porque a *perseverança racional* sempre está acompanhada do conhecimento de quando parar de insistir.

É possível que você esteja com uma pessoa que não lhe inspira paz, que parece um turbilhão, uma carga, ou um carma ruim com momentos doces; mas ainda assim um carma ruim. Não cansa ver que as coisas não fluem com naturalidade? Amar não é como subir um morro que às vezes parece interminável. É verdade que os relacionamentos afetivos normais têm suas complicações, mas eles não precisam ser uma via-crúcis. Não existe um dedo celestial que aponta para você e diz que precisa sofrer com integridade na companhia de alguém que afeta negativamente sua humanidade. Quem machuca você, mesmo que de maneira sutil, não merece o seu amor.

Quando você insiste em ficar com quem não deveria, acaba normalizando a infelicidade, o mal-estar e a tristeza, como se não houvesse mais saída. Apela para a resignação emocional, sendo que poderia mandar tudo à merda e começar a viver de novo, com mais alegria e autoestima. O amor não é tudo, nem mesmo o bom amor. Como eu já disse: talvez a pessoa que está ao seu lado seja a melhor coisa da sua vida, mas ela não é tudo. Você não precisa ir parar no hospital para acabar com uma relação destrutiva. Às vezes, é sua voz interior quem toma a decisão; ela nada mais é que seu instinto de sobrevivência. Acontece quando você se olha no espelho, um dia qualquer, e diz: "Nada justifica isso... O que estou fazendo aqui?". E uma coragem especial, desconhecida até esse momento, leva você a não dar tantas explicações, a não se desculpar. Simplesmente, sua biologia, sua essência, fala por você. Seu ser se rebela. A culpa se esvai, o medo se aplaca e você sai para o mundo para ser quem é, descaradamente, mesmo que os outros não gostem. E então, nesse ponto de inflexão, você diz sem papas na língua: "Sobre mim, decido eu". Você não vai mais se colocar em segundo plano e se encontrará nesse lugar em que o amor-próprio não pode se separar do amor ao outro. Do contrário, não é amor.

Bibliografia

Ackerman, D. (2007). *Uma história natural do amor*. Rio de Janeiro: Record.

Badiu, A. (2019). *Elogio ao amor*. São Paulo: Martins Fontes.

Bauman, Z. (2004). *Amor líquido*. Rio de Janeiro: Zahar.

Beauchaine, T. P.; Crowell, S. E. (2020). *The Oxford handbook of emotion dysregulation*. Oxford: Oxford Library of Psychology.

Besser, L. L. (2021). *The philosophy of happiness*. Nova York: Routledge.

Bruckner, P. (2011). *La paradoja del amor*. Barcelona: Tusquets Editores.

Burns, D. D. (2009). *Sentirse bien en pareja*. Barcelona: Paidós.

Deetjens, M. (2015). *Dire basta allá dipendenza affettiva*. Itália: Edizione Il Punto D'incontro.

Dutton, G. G. (2007). *The abusive personality*. Nova York: The Guilford Press.

Field, T. (2016). "Romantic love". *International Journal of Behavioral Research & Psychology*, vol. 4, p. 185-190.

Grimaldi, P. (2019). *Ansia sociale. Clinica e terapia in una prospettiva cognitivista integrata*. Milão: Franco Angeli.

Gross, J. J. (2014). *Handbook of emotion regulation*. Nova York: The Guilford Press.

Harvard Business Review (2019). *Saber escuchar*. Barcelona: Editorial Reverté.

Hirigoyen, M. (2016). *Las nuevas soledades*. Barcelona: Paidós.

Kantor, M. (2006). *The psychopathy of everyday life*. Nova York: Praeger.

Karandashev, V. (2015). "A Cultural Perspective on Romantic Love". *Online Readings in Psychology and Culture*, vol. 5, n. 4.

Lancelin, A.; Lemonnier, M. (2013). *Los filósofos y el amor*. Buenos Aires: Editorial El Ateneo.

Mikulincer, M.; Shaver, P. R. (2007). *Attachment in adulthood*. Nova York: The Guilford Press.

Nanetti, F. (2015). *La dipendenza affettiva*. Bolonha: Pendragon.

Ramón, F. S. (2017). *El buentrato*. Barcelona: Kairós.

Reinecke, L.; Oliver, B. M. (2017). *The Routledge handbook of media use and well-being*. Nova York: Routledge Handbooks.

Riso, W. (2015). *O direito de dizer não*. Porto Alegre: L&PM.

Secci, E. M. (2019). *Los Narcisistas Perversos y las uniones imposibles*. Youcanprint.

Spinosa, B. (2015). *Ética*. São Paulo: Edusp.

Strocchi, M. C.; Raumer, S.; Segato, T. (2017). *Dipendenza affettiva*. Itália: Edizione Il Punto D'incontro.

Walker, E. A. L. (2012). *El síndrome de la mujer maltratada*. Bilbao: DDB.

Wery von Limont, S. (2018). *La vita segreta dell'anima*. Milão: Mondadori.

Yela, C. (2000). *El amor desde la psicología social: ni tan libres, ni tan racionales*. Madri: Ediciones Pirámide.

Zou, Z., Song, H., Zhang, Y.; Zhang, X. (2016). "Romantic Love vs. Drug Addiction May Inspire a New Treatment for Addiction". *Frontiers in Psychology*, vol. 7, p. 1436-1449.

**Acreditamos
nos livros**

Este livro foi composto em Founders Grotesk e
impresso pela Lis Gráfica para a Editora Planeta do
Brasil em dezembro de 2024.